"한번 벌어진 학습 격차,
아이를 수학과 멀어지게 만든다"

★ 계산 실수로 한두 개 틀리는 건 괜찮지 않나요?

◆ **틀린 개수가 아니라 틀린 이유가 중요합니다.**

★ 수학은 전문가에게 맡기는 게 낫지 않나요?

◆ **학원과 학습지는 진도 위주의 수업입니다.
아이가 학습 구멍 없이 모두 익혔는지는 집에서 잡아 줘야 합니다.**

★ 문과 성향의 아이는 수학을 잘하기 어렵지 않나요?

◆ **초등 저학년 때까지는 아이들이 수학을 재밌어합니다.
학년이 올라갈수록 자신도 모르게 놓친 개념들이 생겨
싫어하게 되는 것입니다.**

★ 아이들이 가장 어려워하는 학년별 수학약점 개념 ★

1학년 수학 : 다양한 덧·뺄셈 표현 | 깊이, 높이, 무게 등의 단위 표현

2학년 수학 : 자연수의 덧·뺄셈 원리 | 서술형 문제 만들기 | 곱셈 개념

3학년 수학 : 나눗셈의 두 가지 개념 | 이산량 분수 | 원의 지름과 반지름

4학년 수학 : 도형 개념 | 도형의 뒤집기, 돌리기 | 분수의 덧·뺄셈

5학년 수학 : 분수의 사칙연산 그림 | 약수와 배수 | 약분과 통분
　　　　　　　 다각형의 둘레와 넓이 | 점대칭도형

6학년 수학 : 비와 비율 | 비례식과 비례배분 | 분수의 나눗셈 원리

초등 수포자로 빠지지 않는
수학약점 공략법

초등
수포자로
빠지지 않는

++++ 송재환 지음 ++++

수학약점
공략법

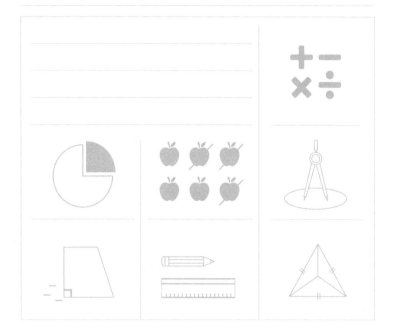

글담출판

가장 많이 공부하는 과목 수학,
왜 만점 받는 아이들은 극소수에 불과할까?

수학 시험지를 채점하다 보면 나도 모르게 "아!" 하는 외마디가 터져 나올 때가 있다. 애써 잘 풀어 놓고 엉뚱한 답을 체크했거나 사소한 연산 실수를 한 걸 보면 마치 내 일처럼 안타깝다. 수학을 잘하든 못하든 상관없이 의외로 많은 아이들이 이런 실수를 범한다. 사실 수학처럼 만점 받기 힘든 과목도 없다. 아무리 실수 없이 잘 본 것 같아도 막상 시험지를 받고 나면 몇 문제는 꼭 틀려 있기 때문이다. 한두 문제 때문에 계속 만점의 꿈이 틀어지니 아이는 속이 터진다.

초등학생들이 가장 많이 공부하는 과목은 바로 수학이다. 대부분의 아이들이 학원, 과외로 부족하여 학습지까지 한다. 오늘날 입시 제도에서 수학이 차지하는 비중이 큰 데다 아이들이 가장 많이 포기하는 과목이 수학이기 때문이다. 부모 역시 이런 사실을 잘 알고 있기 때문에 아이의 수학을 잡아 주기 위해 노력한다.

그럼에도 불구하고 만점 받는 아이들은 소수에 불과하다. 아니 학년이 올라가면서 수학 수업을 잘 따라가기만 해도 다행이다.

도대체 무엇이 문제일까?

아이들을 가르치다 보면 똑같은 내용일지라도 어떤 아이는 잘 받아들이고 어떤 아이는 어려워한다. 아이마다 성격이 다르듯이 저마다 약한 과목, 취약한 영역이 있다. 특히 수학처럼 어려운 과목은 잠깐만 방심해도 어느 한 부분이 약해져 있거나 모르고 지나치기 쉽다.

필자가 3학년 아이들을 가르칠 때 한 여자아이가 "분수는 외계인들이 사용하는 수 아니에요?" 하며 어려워했었다. 몇 년 뒤 복도에서 우연히 마주친 아이에게 안부와 함께 수학 공부는 잘하고 있냐고 물었더니 힘없는 목소리로 이렇게 말했다.

"선생님, 수학은 거의 포기했어요. 분수 때문에 못 살겠어요."

분수의 벽을 결국 넘지 못하고 수학 자체를 포기하게 된 듯해서 매우 안타까웠다. 3학년 때 아이가 어려워하는 분수를 잘 잡아 주었더라면 어땠을까 하는 아쉬움이 남았다.

아이의 수학 약점만 잘 챙겨도 수학 점수가 갑자기 떨어져 수학을 포기하게 되는 것을 막을 수 있다. 문제는 약점을 잡아 주지 못하거나 드러난 약점밖에 발견하지 못하는 경우 혹은 잘못된 해결법을 쓰는 경우이다. 예를 들어 사례의 아이처럼 분수를 못하는 아이가 있다고 하자. 분수는 나눗셈이 바탕이 되어야 한다. 그런데 분수가 약하다는 이유로 분수만 공부시켜서는 약점이 절대 개선될 수 없다. 또한 연산 속도가 느릴지라도 1학년 아이는 절대 속도를 위한 연산 훈련을 시켜서는 안 된다.

아이의 수학 약점을 제대로 파악하고 올바로 극복하기 위해서는 이에 대한 정확한 정보가 있어야 한다.

한두 문제라도 간과해서는 안 된다

아이들에게 "시험 잘 봤니?" 하고 물어보면 "아는데 틀렸어요." "실수로 틀렸어요."란 말을 많이 한다. 다음에는 맞을 수 있다는 뜻이 내포되어 있는 답변에 부모는 이번에는 아쉽지만 다음에는 좀 더 좋은 점수를 받을 수 있을 거라고 기대하며 그냥 넘어간다. 하지만 수학에서는 아무리 실수라고 해도, 한두 문제 틀린 거라고 해도 절대 그냥 지나쳐서는 안 된다.

자연수의 사칙연산은 4년에 걸쳐 배운다. 시계 읽기 역시 3년 동안 배운다. 서로 관련된 내용이지만 아이의 두뇌 성장에 맞춰 내용을 배치한다. 따로따로 배우기 때문에 아이는 서로 간의 연관성을 깨닫지 못한다. 하지만 수학은 모든 영역과 학년에서 배우는 내용들이 긴밀히 연결되어 있다. 그로 인해 어느 한 부분에서 제대로 학습이 이루어지지 않을 경우 학년이 올라갈수록 점점 약해져 약점이 되기 쉽다. 예를 들어 곱셈과 나눗셈을 제대로 익히지 않은 아이가 분수의 곱셈과 나눗셈을 제대로 배울 수 있을 리가 없다. 따라서 작은 연산 실수일지라도 그 속에서 약점을 찾아내 반드시 해결해야 한다. 지금의 한두 문제가 나중에는 엄청난 점수 차이의 원인이 될 수 있다.

틀린 문제만이 약점이 아니다

약점이라고 하면 대부분 틀린 문제만을 생각하지만, 100점 받은 시험지에도 약점이 도사리고 있다. '백점=다 알고 있다'로 판단하기 쉽지만 분명히 맞은 문제에도 살펴보면 약점이 있다. 아직 드러나지 않았을 뿐인 잠재된 약점이 말이다.

이러한 약점이 특히 위험한데, 지금 당장은 아무런 문제를 일으키지 않고 있지만 학습 내용이 많아지고 어려워지면 서서히 그 본색을 드러낸다. 그때는 문제가 상당히 심각해져 있는 경우가 허다하다. 100점 받은 시험지일지라도 계산 과정에서 오류가 없었는지, 아이가 개념 원리를 제대로 알고 푼 것인지 꼭 살펴야 한다.

학원, 학습지만으로는
절대 아이의 수학 점수를 잡을 수 없는 이유

1, 2학년 때만 해도 수학을 쉽게 생각하고 좋아하던 아이들이 학년이 올라갈수록 수학을 어려워한다. 부모는 아이의 수학만큼은 잡아 줘야겠다고 생각하여 가르쳐 보려고 하지만 쉽지 않다. 아이에게 이런 것도 이해를 못하느냐고 버럭하다가 '아차!' 하는 순간이 한두 번이 아니다. 더욱이 3, 4학년쯤 되면 공부를 봐주고 싶어도 힘에 부친다. 아이와 매번 씨름하는 것도 지치는 데다 슬슬 수학이 어려워지기 때문이다. 그렇게 수학 학원의 문을 두들기게 된다. 고학년 아이들에게 수학 학원은 필수 코수이다.

문제는 수학 학원을 보낸다고 모든 문제가 해결되는 것은 아니라는 것이다. 물론 학원에 따라 다르겠지만, 일반적으로 학원은 선행 학습이나 진도 위주로 수업이 이루어진다. 아이가 수학 과목을 잘 다지고 있는지 차분히 봐주기 힘들다. 또 평균 수준에서 수업이 이루어지기 때문에 아이가 어려워하는 수학 영역의 경우 학원의 설명만으로는 이해하기 힘들다. 이런 부분은 가정에서밖에 채워 줄 수 없다. 따라서 학원이나 학습지, 과외가 아이의 수학 학습을 모두 잡아 줄 수 있다고 기대해서는 안 된다. 아이의 수학 약점은 부모이기에 발견이 가능하다. 초등학교 때까지는 엄마표 수학을 손에서 놓지 말기를 당부하고 싶다.

어떻게, 무엇을 도와줘야 할지 막막한 부모를 위해 학교 현장에서 20

년 이상 아이들을 가르치면서 발견한 수학 약점들을 이 책에 정리해 놓았다. 아이마다 잘하고 못하는 부분이 다르지만, 일반적으로 일정한 공통점이 있다. 정도의 차이는 있지만 성격이 활발하고 활동적인 아이는 잘 풀어 놓고 오답을 쓰는 실수를 많이 한다. 또 공부를 잘하는 아이도 분수는 어려워한다. 이 책에는 그러한 관찰 결과를 바탕으로 교과서를 분석하여 수학 약점을 체계적으로 정리해 놓았다. 1부와 2부에서는 학년별, 영역별로 아이들이 쉽게 빠지는 수학 약점들을 소개했다. 그리고 수학 약점을 개선하고 방지하기 위해 어떻게 지도해야 하는지도 상세히 설명해 놓았다. 3부에서는 공부 유형별 대표적인 약점 유형을 소개했다. 구체적인 사례를 통해 우리 아이의 약점을 진단하고 해결책을 얻을 수 있을 것이다.

이 책이 아이의 수학 약점을 잡아 주어 수학을 좋아하고 잘하는 계기가 된다면 더없이 기쁘겠다.

2021년 동산초 3학년 교실에서
송재환

차례

1부

학년별
수학 약점

학년별 특징을 바탕으로
약점 단원을 집중 공략하라

같은 학년에서 몇 년 동안 아이들에게 수학을 가르치다 보면 신기한 현상을 발견하는데, 매년 거의 비슷한 과정을 거치면서 1년을 마치게 된다는 사실이다. 작년의 아이들이 어렵고 힘들어했던 내용은 올해도 여지없이 아이들이 괴로워한다. 반대로 쉽고 재미있게 배웠던 내용은 올해 역시 수월하게 넘어간다. 이런 현상 때문에 한 학년을 몇 년씩 담당한 교사의 반은 수학 평균 점수가 대체로 높다. 어느 부분에 보다 집중해서 가르쳐야 하는지 잘 알기 때문이다. 이런 수학에 대한 지혜와 통찰력은 교사에게만이 아니라 학부모에게도 절실히 필요한 능력이다.

수학은 위계 과목이다. 배운 것이 심화, 확대되는 과목의 특성상 4학년까지 수학을 못했던 아이가 5학년이 되어서 갑자기 잘하게 되는 일은 좀처럼 드물다. 더욱이 수학은 겉으로 드러나는 것만으로 진단해서는 안 된다. 현재 아이가 잘하고 있는 것 같아도 언제 잠재된 문제가 불쑥 고개를 내밀지 알 수 없다. 따라서 1학년 때부터 약점이 생기지 않도록 탄탄하게 다져야 한다.

01

너무 쉽게 느끼는
1학년 수학

1학년 수학 약점	– 다양한 덧·뺄셈 표현 – 길이, 높이, 무게 등의 단위 표현

"방심하기 쉬운 1학년 수학,
아이의 진짜 실력을 세심히 살펴야 한다"

아이들은 대체로 1학년 수학을 너무 쉽게 생각한다. 실제로 1학년 아이들은 3월 적응 기간을 마치고 나면 4월부터 수학 1단원인 '9까지의 수'를 배우는데, 하품이 날 지경이다. 이미 두 자리 자연수의 덧·뺄셈까지 배우고 온 상태이기 때문이다. 이렇다 보니 1학년 수학 시간은 좀처럼 집중시키기가 쉽지 않다. 이미 2학년 수준의 수학 실력을 가지고 있는 아이들도 많아, 이 아이들을 대상으로 1, 2, 3, 4…나 첫째, 둘째, 셋째…와 같은 내용을 가르치기란 여간 어려운 것이 아니다. 상황이 이렇다 보니 아이들은 "이렇게 쉬운 것을 왜 배워야 하나요?" 혹은 "이미 다 알고 있는 것을 왜 또 배워야 하나요?"와 같은 말을 많이 한다.

하지만 세부적으로 들어가 보면 아이들 실력은 겉보기와 다르게 미흡한 부분이 많다. 예를 들면 9까지의 수 단원에서는 1부터 9까지 어떻게 읽고 써야 하는지를 상세히 소개하는데, 숫자 읽기는 잘해도 제대로 쓰지 못하는 아이들이 있다. 5나 3을 밑에서부터 쓰는 아이가 있는가 하면 8을 눈사람 그리듯이 쓰는 아이도 있다. 연필을 이상하게 쥐는 아이들은 말할 것도 없다. 이른 조기 교육의 여파로 아직 쥐는 힘, 악력이 발달하지 않은 시기에 연필을 쥐게 한 결과일 확률이 매우 높다.

또한 숫자(1, 2, 3…)를 서수(첫 번째, 두 번째, 세 번째…)로 읽을 때 한 번째, 둘 번째, 셋 번째처럼 기수와 서수를 섞어서 읽는 아이도 있다.

이처럼 1학년 아이들의 수학 실력은 굉장히 우수한 것 같지만 막상 세세하게 살펴보면 부족한 점이 많다. 따라서 부모의 세심한 관심이 필요하다. 아이들이 1학년 수학을 쉽게 생각하는 것은 이미 선행을 하고 들어왔기 때문일 뿐, 내용이 쉬워서가 아님을 강조하고 싶다. 1학년은 연산에 기초가 되는 자연수의 덧·뺄셈을 배우고 수학에 대한 학습 태도를 형성하는 시기로 어느 학년 못지않게 중요하다. 첫 단추를 잘 꿰어야 하듯 수학에서도 첫 단추에 해당하는 1학년 수학을 결코 간과해서는 안 된다. 특히 이 시기에 만들어진 공부 습관은 이후 수학 실력을 좌우하기 때문에 세심히 살피고 이끌어 줘야 한다.

책상머리 공부가
맞지 않는 1학년

수학 공부라고 하면 일반적으로 가만히 앉아서 문제집이나 학습지 푸는 모습을 떠올린다. 그러면서 수학은 정말 재미없고 골치 아픈 과목이라고 투덜댄다. 그런데 수학은 특히 저학년 수학은 철저하게 직접 몸으로 부딪히면서 익히는 과목이다.

요즈음 유행하고 있는 수학캠프 프로그램만 살펴봐도 이를 금방 알 수 있다. 어떤 캠프도 하루 종일 문제집을 풀게 하지 않는다. 대부분 조작체험 활동 위주이다. 문제집이나 학습지 풀이를 경시하는 것이 아니라, 초등 저학년은 주로 실질적·체험적인 사고를 하기 때문에 조작체험 활동을 통해 수학을 공부해야 실력이 향상된다. 특히 어떤 개념은 조작체험 없이는 아예 이해가 불가능한 것도 있다. 예를 들어 메스실린더를 통해 양(들이)에 대한 개념을 배운다고 해보자.

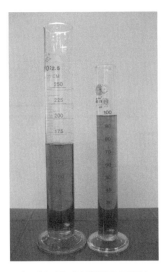
| 크기가 다른 메스실린더의 양 비교 |

왼쪽 사진을 보여주며 어느 쪽의 양이 많냐고 질문하면 고학년 정도 된 아이들은 높이에만 주목하여 오른쪽의 작은 메스실린더에 들어 있는 물의 양이 많다고 답하지 않는다. 하지만 저학년 아이들은 대부분 물 높이에만 주목하여 작은 메스실린더에 들어 있는 물의 양이 더 많다고 답한다. 실제로 작은 메스실린더에는 100mL가 들어 있고 큰 메스실린더에는 150mL가 들어 있는데도 그것을 감지하지 못하는 것이다. 이렇게 대답하는 것은 아이가 똑똑하지 않아서가 아니라 발달 과정상 당연한 현상이다.

이때 1학년 아이에게 '높이가 높다고 양이 많은 것은 아니'라는 사실을 아무리 말로 설명해 줘도 소용이 없다. 아마 외울 수는 있을 것이다. 아이에게 제대로 알려 주기 위해서는 직접 비교해 보게 해야 한다. 작은 메스실린더의 물을 큰 메스실린더에 부어 보게 하는 것이다. 자기가 생각한 것과 반대의 결과가 나타나는 것을 보면서 아이는 '아! 양을 비교할 때는 높이만이 아니라 다른 것도 살펴봐야 하는구나.' 하고 몸소 깨닫게 된다. 다만 한 번만에 개념 원리를 터득하는 아이가 있는가 하면 이 과정을 여러 번 반복해야 비로소 이해하는 아이가 있을 뿐이다.

이런 경험을 한 다음 오른쪽 사진을 보여 주며 같은 문제를 내면 아이는 한참을 고민한다.

| 크기가 다른 비커의 양 비교 |

아이는 절대로 작은 비커에 담긴 물이 많다고 쉽게 대답하지 않는다. 머리를 긁적이며 유심히 관찰한다. 이런 과정을 겪으면서 아이들은 수학적 개념을 익힌다.

이것이 바로 조작체험의 중요성이다. 머리로만 하는 수학으로는 이해하기 힘든 것들이 조작체험을 통해 순식간에 해결된다. 그리고 1학년 수학은 머리를 쥐어뜯으면서 공부할 만한 내용도 없다. 대부분 놀이처럼 익힐 수 있는 내용이기 때문에 가급적 조작체험을 많이 시킬 것을 권한다.

덧·뺄셈의 기초가 되는 모으기와 가르기

1학년 수학에서 가장 중요한 내용은 무엇일까? 바로 자연수의 덧·뺄 셈이다. 초등학교 4학년까지 배우는 자연수의 사칙연산 중 절반의 내용을 1학년 때 배우게 된다. 그만큼 1학년 수학에서는 덧·뺄셈을 철저하게 익힐 필요가 있다.

덧·뺄셈의 기초가 되는 것은 '모으기'와 '가르기'이다. 모으기는 오른쪽 그림과 같이 흩어져 있는 것을 한데로 모으는 활동으로, 이는 덧셈의 기초가 되는 활동이므로 매우 중요하다.

반면에 가르기는 이와 반대되는 개념으로 모은 것을 보통 두 덩어리나 세 덩어리로 나누는 작업을 말한다. 이는 뺄셈 개념을 형성하기 위한 기본 활동이다.

모으기와 가르기 활동은 시간이 날 때마다 아이와 놀이처럼 연습할

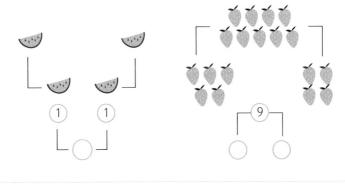

| 모으기 예시 | | 가르기 예시 |

것을 권한다. 예를 들어 차를 타고 가면서도 얼마든지 가능하다. 7을
가르기 활동을 한다고 할 때 엄마가 4 하면 아이는 3(7에서 4를 가르고
남은 수)을 대답하는 식으로 진행하면 된다. 특히 10의 모으기와 가르
기 활동을 많이 해야 한다. (1, 9), (2, 8) … (8, 2), (9, 1)처럼 구구단
외우듯이 나올 수 있어야 한다. 10에 대한 모으기와 가르기가 자유자
재로 되어야 받아올림이 있는 덧셈이나 받아내림이 있는 뺄셈을 잘할
수 있기 때문이다.

　1학년 아이들 중에는 손가락셈이라고 하여 손가락을 꼽아 덧·뺄셈을
하는 경우가 많은데, 어떤 부모들은 손가락셈을 못하게 한다. 손가락
을 사용하면 왠지 수학을 못하는 아이처럼 보이는 데다, 손가락을 자
꾸 사용하다 보면 추상적인 계산 단계로 잘 넘어가지 못한다고 생각하

기 때문이다. 하지만 이것은 아이들의 특성을 완전히 무시한 처사이다. 앞에서도 설명했지만 아이들은 구체적인 조작체험을 많이 해봐야 수학의 개념과 원리를 더 잘 이해할 수 있다. 계산하면서 손가락을 쓰는 것은 일종의 조작체험에 속한다. 아직 인지 발달 단계상 암산과 같은 추상적인 계산이 어렵기 때문에 구체적이고 가시적인 보조물, 즉 손가락이 필요한 것이다. 나중에 두뇌가 발달하여 추상적인 계산이 가능해지면 손가락셈을 하라고 해도 귀찮아서 하지 않는다. 따라서 아직 1학년밖에 안 된 아이에게 손가락셈을 한다고 절대 나무랄 필요가 없다. 이런 아이들이 수학을 못하는 것도 아니니 자연스럽게 그만둘 때까지 놔두길 바란다. 구체적 조작체험 활동을 많이 해보아야 추상적인 계산 활동도 가능하다는 사실을 간과해서는 안 된다.

정확한 용어를 선택하고
표현할 수 있어야 한다

정확성은 수학의 생명으로, 고등 수학으로 갈수록 정확한 용어 선택이 필수이다. 예를 들어 사각형이 뭐냐고 물었을 때 '네 선분으로 둘러싸인 도형'이라고 정확하게 말할 줄 아는 아이와 '각이 네 개인 것' 혹은 '네모난 도형'과 같은 말로 얼버무리는 아이는 실력 차이가 나기 마련이다. 이런 차이는 처음 수학을 배울 때 어떤 습관을 들이느냐에서 출발한다.

1학년에 등장하는 '비교하기'나 '여러 가지 모양'과 같은 단원을 배울 때는 특히 정확성에 유의해야 한다. 정확한 용어를 선택하고 표현할 수 있도록 확실히 익혀야 한다.

다음 표는 교과서에 나오는 측정과 관련된 표현들을 정리해 놓은 것이다. 어른이 볼 때는 아무것도 아닌 것 같지만 아직 용어가 익숙하지

상황	표현
길이를 비교할 때	길다, 짧다
높이를 비교할 때	높다, 낮다
키를 비교할 때	크다, 작다
거리를 비교할 때	가깝다, 멀다
깊이를 비교할 때	얕다, 깊다
두께를 비교할 때	얇다, 두껍다
넓이를 비교할 때	넓다, 좁다
무게를 비교할 때	가볍다, 무겁다
들이를 비교할 때	많다, 적다
빠르기(속도)를 비교할 때	빠르다, 느리다
색(농도)을 비교할 때	진하다, 연하다

않은 데다 개념 형성이 완전하지 않은 아이들은 상당히 헷갈려한다. 1학년 아이들에게 '수학 교과서와 색종이의 넓이를 비교하여 보시오.' 라는 문제를 내면 다양한 오답들이 많이 나온다. '수학 교과서가 색종이의 넓이보다 크다.'라든지 '색종이의 넓이가 수학 교과서보다 작다.' 와 같은 답이 심심치 않게 등장한다. 양에 대한 정확한 표현을 잘 모르거나 익숙하지 않아서이다. 평소 아이에게 상황에 따른 정확한 표현을 분명하게 가르칠 필요가 있다. 이러한 경험을 통해 아이는 무의식적으로 '수학은 정확해야 하는 학문'이라는 생각을 갖게되고, 이는 수학을

잘하는 기반이 된다.

비교하기에서는 한 가지 대상에 한 가지 속성만 다루기보다 여러 가지 속성을 비교할 수 있도록 지도하면 더욱 좋다. 예를 들어 크기가 다른 수박 두 개를 비교할 때, 단순히 크기나 무게 정도만 살피기 쉬운데 수박 표면의 넓이나 차지하는 양(부피), 높이 등도 비교할 수 있다. 이런 활동을 반복하다 보면 자연스럽게 관찰력과 사고력이 좋아지고 다른 사람이 생각하지 못하는 부분에까지 생각이 미치게 되어 창의력이 높아진다.

1학년 때 꼭 알아야 하는
용어와 기호

1학년 때 다루는 수학 용어와 기호는 많지 않다. 하지만 몇 개 되지 않는 것 중에서도 특별히 더하기(+), 빼기(−), 등호(=) 기호의 개념은 철저히 익힐 수 있도록 도와야 한다. '+, −, ='는 수학을 배우기 시작할 때부터 매우 친숙하게 사용하는 기호이지만 은근히 그 개념을 잘 모르는 아이들이 많다.

| 영역별 필수 용어와 기호 |

영역	내용
수와 연산	덧셈, 뺄셈, 짝수, 홀수, +, −, =, 〉, 〈
측정	시, 분
규칙성	규칙 찾기

🔍 덧·뺄셈의 다양한 표현

　아이들은 빼기 개념을 더 어려워하기는 하지만 대체로 더하기(+), 빼기(−) 개념을 잘 받아들인다. 다만 더하기와 빼기의 표현을 바꾸면 많이 혼란스러워한다. 예를 들어 3+4라는 문제를 '3에다 4를 더하면 얼마죠?'라고 물으면 7이라고 잘 대답하면서 '3에다 4를 보태면 얼마죠?'라고 물으면 머뭇거린다. '보탠다'라는 말과 '더한다'라는 말이 같은 의미라는 것을 잘 모르기 때문이다. 따라서 더하기와 빼기를 지도할 때

| 덧·뺄셈의 다양한 표현 |

덧·뺄셈 일반 수식 표현	다양한 서술형 표현
3+4	3 더하기 4 3과 4의 합 3에다 4를 보탠다 3보다 4 큰 수 3과 4를 모으면 3에다 4를 첨가하면(추가하면) 3보다 4 많은 수
7−4=3	7 빼기 4 7과 4의 차 7에서 4를 갈라낸 수 7에서 4를 감한다 7보다 4 작은 수 7에서 4를 덜어낸 수 7보다 4 적은 수

는 덧·뺄셈 표현을 참고하여 가급적 다양한 표현을 사용해 주는 것이 좋다.

$\mathcal{Q}$ 등호(=) 개념

아이들에게 4+3+2=□+2=□라는 문제를 풀어 보라고 하면 4+3+2=9+2=11이라는 오답을 내곤 한다. 이렇게 계산을 하는 이유는 '등호(=)'의 개념을 모르기 때문이다. 등호는 처음부터 철저하게 개념을 가르칠 필요가 있다. 수학식에서 등호는 괜히 있는 것이 아니라 등호를 기준으로 왼쪽에 있는 식(좌변)과 오른쪽에 있는 식(우변)이 같을 때 사용하는 수학적 약속 기호이다. 이 개념을 처음부터 아이에게 분명히 인지시켜 주지 않으면 예시와 같은 오답을 내기 쉽다. 또 고학년이 되어 문제의 풀이 과정을 쓸 때 등호를 아무 곳에나 붙여 놓게 된다.

1학년 수학에서
약점이 되기 쉬운 단원

🔍 미리 살펴보는 1학년 단원 구성

초등학교 수학은 매 학기 6단원으로 구성되어 있다. 다만 1학년 1학

| 1학년 교과 과정 |

구분		1학기	2학기
1학년 수학	1단원	9까지의 수	100까지의 수
	2단원	여러 가지 모양	덧셈과 뺄셈(1)
	3단원	덧셈과 뺄셈	여러 가지 모양
	4단원	비교하기	덧셈과 뺄셈(2)
	5단원	50까지의 수	시계 보기와 규칙 찾기
	6단원		덧셈과 뺄셈(3)

기만 적응 활동 기간을 감하여 5단원이다. 교과 과정 표를 보면 알 수 있듯이 총 11개 단원에서 7개 단원이 수와 연산 영역이다. 그만큼 수와 연산 영역에 주의를 기울여 제대로 학습할 수 있도록 도와줘야 한다. 1학년은 100까지의 자연수를 이해하고 덧·뺄셈을 무리 없이 해내는 데 목표를 두어야 한다.

🔍 여러 가지 모양(1학기 2단원, 2학기 3단원)

1학년에 나오는 여러 가지 모양 단원은 내용의 난이도가 낮다. 1학기에는 상자 모양, 둥근 기둥 모양, 공 모양을 배우고, 2학기에는 네모 모양, 세모 모양, 동그라미 모양을 배운다. 아이들에게도 유치한 수준이다. 그렇다고 이 과정을 무시하거나 생략해도 되는 것은 아니다.

실제로 이 단원은 수준 높은 도형을 다루기보다 입문 단원으로써 공간 감각과 평면 감각의 발달을 목표로 한다. 피아노 학원을 처음 갔을 때 피아노에 대한 흥미를 불러일으키기 위해 바로 가르치지 않고 몇 번은 피아노를 뚱땅거리면서 놀게 하는 것과 흡사하다. 1학년 때는 도형 영역에 대한 흥미와 관심을 갖는 데 목적을 두어야 한다. 일상생활 속에서 입체도형과 평면도형이 어떻게 우리와 관계를 맺고 있는지 등을 직접 보여 주고 만져 보게 하자. 도형에 대한 감각을 키우는 아주 좋은 학습 방법이다.

🔍 덧셈과 뺄셈(1학기 3단원, 2학기 2·4·6단원)

　1학년 수학 교과서는 덧셈과 뺄셈이 차지하는 비율이 높다. 그만큼 중요하다는 방증이다. 하지만 겁낼 필요는 전혀 없다. 1학년 수준의 덧·뺄셈은 받아올림과 받아내림이 한 번밖에 없는 두 자리 수를 다루기 때문에 그리 어렵지 않다. 다만 대다수 아이들이 유치원 때부터 수학을 배우기 때문에 더욱 쉽게 생각하는 경향이 있다. 그러다 나중에 세자리 수의 덧·뺄셈으로 넘어가면서 헤매는 아이들이 속출한다. 다 아는 듯이 보여도 계산 순서와 방법에 대한 세심한 지도가 필요하다. 손가락이나 바둑돌 등을 활용하여 덧·뺄셈 원리의 이해를 도울 수 있다. 1학년의 덧·뺄셈은 빠르기보다 정확도에 신경을 써야 한다. 또 이와 관련된 다양한 표현 등을 익힐 수 있도록 도와야 한다.

🔍 시계(2학기 5단원)

　초등 수학의 측정 영역에서 처음으로 배우게 되는 것이 바로 '시계'이다. 이후로 길이, 무게, 들이 등의 측정 내용을 배우게 된다. 측정 영역을 공부할 때 가장 주의해야 하는 것은 바로 머리가 아닌 몸으로 익혀야 한다는 것이다. 예를 들어 모형 시계를 사용하여 직접 만지고 돌려 가면서 배워야 흥미로워하며 빠르게 습득한다.

시계 읽기는 1학년 때는 시간 단위까지, 2학년 때는 분 단위까지, 3학년 때는 초 단위까지 배우도록 구성되어 있다. 시계를 배울 때 한 번에 초 단위까지 배우는 것이 더 능률적일 것 같은데 왜 3년 동안 나누어 배우는지 의문을 가질 수도 있다. 이는 아이들의 시간 개념 발달과 관련이 있다. 1학년 아이들은 시간 분화가 시간 단위에 머물러 있기 때문에 분초 단위는 아무리 배워도 시감각 형성이 되지 않는다.

즉 시계 읽기를 3년 동안 배우는 것은 내용이 어려워서라기보다 아이들의 성장 발달 과정에 맞춘 측면이 크다. 1학년 아이들에게 초 개념을 가르칠 수는 있겠지만 아이들의 발달 수준과 맞지 않으므로 의미가

| 1학년 영역별 내용 |

영 역	내 용
수와 연산	• 100까지의 수 ★ ★ ★ • 간단한 수(한 자리 수)의 덧셈과 뺄셈 ★ ★ • 두 자리 수의 덧셈과 뺄셈 ★ ★ ★ ★ ★
도형	• 입체도형의 모양(공 모양, 상자 모양, 둥근 기둥 모양) ★ ★ • 평면도형의 모양(세모, 네모, 동그라미 모양) ★ ★
측정	• 여러 가지 양의 비교(들이, 길이, 높이, 무게) ★ ★ • 시각 읽기(시, 분을 정확하게 읽기) ★ ★ ★
규칙성	• 물체, 무늬, 수 등의 배열에서 규칙 찾기 ★ ★ • 1~100의 수 배열표에서 규칙 찾기 ★ ★ ★ (숫자를 통한 규칙 찾기)

내용별 아이들의 약점 정도를 별표로 표시했다.

없다. 측정 영역은 철저하게 성장 발달 단계에 맞춰 가르쳐야 하며 그럴 때 아이들이 재미있고 의미 있게 배울 수 있다.

02

중요한 기초를 다지는
2학년 수학

2학년 수학 약점	- 자연수의 덧·뺄셈 원리 - 서술형 문제 만들기 - 곱셈 개념

"2학년은 자연수의
사칙연산 개념이 정립되는 시기이다"

　보통 2학년 수학까지는 아이들이 쉽게 생각한다. 실제로 내용 면에서도 어려운 내용이 별로 없다. 가장 많은 부분을 차지하는 수와 연산 영역은 아이들이 선행을 통하여 이미 알고 있는 경우가 대부분이다. 측정 영역 역시 시계나 달력 보기, 길이 재기와 같은 일상 속에서 자주 접하는 것들에 대해 배우므로 큰 부담 없이 넘어간다.

　그래서인지 2학년 아이들을 대상으로 좋아하는 과목을 조사해 보면 수학이 항상 상위에 위치한다. 그만큼 수학이 좋고 재미있다는 것이다. 무엇보다 시험을 보면 좋은 점수가 나오기 때문에 아이들 입장에서 싫을 이유가 없다. 이런 수학이 학년이 올라갈수록 가장 골머리를 앓는 과목이 되는 것은 생각해 볼 일이다.

　내용은 크게 어렵지 않지만 다루는 내용은 심오하다. 수학의 중요한 기초를 다루기 때문이다. 특히 수와 연산 영역과 도형 영역이 아주 중요하다. 2학년 때 자연수의 사칙연산 중 덧셈, 뺄셈에 이어 곱셈까지 배우게 된다. 덧셈, 뺄셈은 받아올림과 받아내림이 있는 덧·뺄셈을 배우면서 조금 더 복잡해진다. 자연수의 덧셈과 뺄셈은 2학년 때 완성된다고 해도 과언은 아니다. 또한 2학년 때 처음 곱셈을 배우게 된다. 그렇다고 너무 긴장할 필요는 없다. 구구단만 제대로 학습해도 충분하다.

도형 영역에서도 1학년까지는 동그라미, 세모, 네모 등을 다루는 유치한 수준이었다면 2학년부터는 삼각형, 사각형, 다각형 등 도형 용어가 나오기 시작한다. 더욱이 평면도형과 입체도형의 기초 개념을 다지는 시기로, 이때 정확히 배워 놓지 않으면 4학년 도형을 배울 때 어려움을 겪는다.

2학년은 자료와 가능성 영역의 내용이 1학기에는 '분류하기', 2학기에는 '표와 그래프'로 학기당 한 단원씩 배치되어 있다. 자료와 가능성 영역은 주어진 자료를 분류하고 정리하는 통계 활동의 기초를 배우는 시간이다. 내용은 어렵지 않지만 기초를 잘 다져 놓아야 고학년에서 배우게 되는 각종 표와 그래프에서 학습 구멍이 생기는 것을 막을 수 있다.

조금씩 연산 속도에서
차이가 발생한다

2학년쯤 되면 연산 속도가 제법 차이 나기 시작한다. 연산이 빠른 아이와 늦은 아이의 차이가 분명해지면서 이를 방치할 경우 그 차이가 점점 더 벌어진다. 연산이 빠른 아이들을 보면 천부적으로 타고났거나 연산 훈련을 일찍부터 시작한 경우가 대부분이다. 저학년 세계에서 연산이 빠르다는 것은 수학을 잘한다는 의미로 통한다. 그래서 훈련을 시켜서 연산 속도가 빨라지면 수학에 대한 자신감이 급격히 높아지는 것을 자주 볼 수 있다.

하지만 1학년의 연산 훈련은 신중하게 접근해야 한다. 1학년 편에서도 설명했지만, 1학년 때는 수와 덧·뺄셈 개념을 형성하는 게 우선이지, 빠르기를 다투어야 할 시기가 아니다. 오히려 덧·뺄셈 개념도 제대로 형성되지 않았는데 초시계를 들이대면서 연산 훈련을 시키면 부정적인 결과를 초래하기 쉽다. 실제로 지도해 봐도 1학년 1학기에는 연산 훈련이 잘 되지 않는다. 1학년 2학기 정도는 되어야 가능하다. 본격적으로 연산 훈련이 가능한 시기는 2학년으로, 이때부터 차근차근 체계적으로 3년 정도 연습하면 그 이후부터는 연산 문제를 신경 쓰지 않아도 된다.

연산 훈련의 필요성이나 연산 훈련 방법 등에 대해서는 2장에서 조금 더 자세히 다룰 예정이다.

가려진 쌓기나무를
이해시키는 법

　'길이 재기' 단원을 가르치면서 하루는 집에 있는 물건을 30가지 이상을 골라, 그 길이를 예측한 값과 실제 자로 잰 값을 적어 오라고 시켰다. 2학년 아이들에게 30분은 족히 걸릴 숙제였다. 그런데 다음 날 한 남자아이가 선생님 때문에 엄마한테 혼이 났다며 씩씩거리는 것이었다. 왜 그러냐고 물으니 자기가 줄자로 집안을 돌아다니며 물건들의 길이를 재고 있으니, 엄마가 그만하고 공부 좀 하라고 혼을 냈다는 것이다.

　아이가 여기저기 돌아다니니 엄마 입장에서는 노는 것처럼 보였나 보다. 1학년 수학에서도 조작체험 활동을 강조했지만, 수학의 측정 영역 중 길이 재기와 시계 보기, 도형 영역의 칠교 놀이와 쌓기나무 내용은 반드시 조작체험 활동을 많이 해봐야 한다.

길이 재기 단원은 자를 가지고 수십, 수백 번 재봐야 길이 감각이 생긴다. 시계도 가급적 아이와 같이 만들어 보는 것이 좋다. 종이에 직접 시계를 그려 봄으로써 12시, 3시, 6시, 9시의 위치가 어디에 있는지 정확히 인지할 수 있다. 쌓기나무 역시 많이 쌓아 보아야 한다. 직접 쌓아 봄으로써 위에 있는 쌓기나무로 인해 밑에 혹은 뒤에 가려져 보이지 않는 쌓기나무가 있음을 무의식적으로 깨닫는다.

무엇보다 조작체험 활동은 수학에 대한 흥미를 불러일으키는 최고의 방법이다. 수학을 즐겁고 재미있는 과목으로 생각할 수 있도록 가급적 다양한 활동을 해보자.

수학 영재들의 공통점

　수학 영재들을 조사해 보면 보통 아이들과 극명하게 대비되는 차이점이 있다. 그것은 바로 독서로, 독서의 양뿐만 아니라 질적인 측면에서도 명확한 차이가 드러난다.

　조사에 따르면 우리나라 초등학생들의 평균 독서량은 1년에 40권 정도이다. 이에 비해 수학 영재원에 다니는 아이들의 1년 평균 독서량은 약 150권 정도에 달한다. 수학 영재들은 보통 아이들보다 서너 배가량 책을 더 많이 읽는 것이다.

　또 읽는 책의 종류조차 다른데, 보통 아이들이 만화책이나 이야기책을 주로 읽는다면 수학 영재들은 수학 및 과학 관련 도서나 위인전 등을 읽는 것으로 나타났다.

　수학은 교과서와 문제집만 파고든다고 잘하게 되는 과목이 아니다.

기본적으로 수학에 대한 관심과 흥미가 있어야 잘할 수 있다. 그리고 관심과 흥미를 높이는 가장 좋은 방법이 바로 수학과 관련된 책을 읽히는 것이다. 배경지식이 풍부해져 흥미와 집중도가 현저히 높아진다. 또한 학교에서는 들을 수 없는 재미있는 수학 이야기 속에서 수학을 잘하게 되는 힌트와 계기를 얻기도 한다.

시중에 나와 있는 수학 관련 책은 상당히 많다. 이 많은 책을 다 읽어야 하는 것은 아니다. 아이들이 읽으면 좋은 추천 도서 리스트를 소개한다. 이 중에서 몇 권을 골라 아이에게 권해 보자. 아이의 수학 호기심을 불러일으키고 수학 공부에 필요한 기반 지식을 쌓아 줄 수 있을 것이다.

| 저학년에게 권하는 수학책 |

도서명	저자	출판사
『이상한 그림책』	안노 미쓰마사	비룡소
『수학아 수학아 나 좀 도와줘 1』	조성실	삼성당
『떡장수 할머니와 호랑이는 구구단을 몰라』	이안	뭉치
『수학은 너무 어려워』	베아트리스 루에	비룡소
『아인슈타인이 보내는 편지』	린 배러시	비룡소
『수학마녀의 백점 수학』	서지원	처음주니어
『수학을 사랑한 아이』	데보라 하일리그먼	봄나무
『어린왕자와 함께 떠나는 구구단 여행』	김재인	동인
『재미있는 숫자의 세계』	앙겔라 바인홀트	크레용하우스

『숫자의 발명』	안나 체라솔리	봄나무
『수학의 저주』	존 셰스카	시공주니어
『쉿! 신데렐라는 시계를 못 본대』	고자현	뭉치
『신통방통 도형 첫걸음』	서지원	좋은책어린이
『헨젤과 그레텔은 도형이 너무 어려워』	고자현	뭉치
『100층짜리 집』	이와이 도시오	북뱅크
『1학년 스토리텔링 수학동화』	우리기획	예림당
『파라오의 정사각형』	안나 체라솔리	봄나무
『신통방통 곱셈구구』	서지원	좋은책어린이
〈어린이가 처음 만나는 수학 그림책〉 시리즈	안노 미쓰마사	한림출판사
〈수학 그림동화〉 시리즈	안노 미쓰마사 외	비룡소
『비교쟁이 콧수염 임금님』	서지원	나무생각
『숫자가 무서워!』	조은수	만만한 책방
『사각사각정사각 도형 나라로!』	고희정	토토북

| 고학년에게 권하는 수학책 |

제목	글(그림)	출판사
『피타고라스 구출작전』	김성수	주니어김영사
〈수학, 과학, 자연에서 찾는 도형〉 시리즈	캐서린 셀드릭 로스	비룡소
『수학 대소동』	코라 리, 길리언 오릴리	다산어린이
〈수학이 수군수군〉 〈수학이 또 수군수군〉 〈수학이 자꾸 수군수군〉 시리즈	샤르탄 포스키트	주니어김영사
『플라톤 삼각형의 비밀』	김성수	주니어김영사
〈우리 수학놀이 하자〉 시리즈	크리스틴 달	주니어김영사

『12개의 황금열쇠』	김용세	주니어김영사
『밥상에 오른 수학』	이광연	상상스쿨
〈수학영재들이 꼭 읽어야 할 천재 수학자 이야기〉 시리즈	신현배 등	살림어린이
〈어린이를 위한 수학의 역사〉 시리즈	이광연, 후지와라 야스지로	살림어린이
『약수와 배수로 유령 선장을 이긴 15소년』	정영훈	뭉치
『수학 귀신』	한스 마그누스 엔첸스베르거	비룡소
『세상 밖으로 날아간 수학』	이시하라 기요타카	파란자전거
『수학 비타민 플러스』	박경미	김영사
〈분수 비법〉 시리즈	강미선	하우매쓰앤 컴퍼니
『분수와 소수』	로지 디킨스	어스본코리아
〈과학공화국 수학법정〉 시리즈	정완상	자음과모음
『옷과 음식에도 단위의 비밀이 있다고?』	이정	뭉치
『도형과 각도』	에디 레이놀즈	어스본코리아
『셈도사 베레미즈의 모험』	말바 타한	경문사
『수학의 핵심』	수학의 핵심 편집위원회	비룡소
『수학이 숨어 있는 명화』	이명옥, 김흥규	시공아트 주니어
『수학 없는 수학』	애나 웰트만	사파리

아이들이 서술형 문제를
어려워하는 이유

12−7=5라는 계산식을 주고 2학년 아이들에게 서술형 문장으로 만들어 보라고 했더니 두 아이가 다음과 같이 만들었다.

A 아이: 사탕이 12개 있습니다. 그중에서 7개를 먹었습니다.
남은 사탕은 모두 몇 개입니까?

B 아이: 호주머니에 맛있는 사탕이 12개 있었는데 다 먹고 싶었습니다.
그런데 다 먹지 않고 그중에 7개만 먹었습니다. 먹지 않은 사탕
은 얼마입니까?

만약 당신이 교사라면 둘 중 어느 아이에게 후한 점수를 주겠는가?
얼핏 보면 B 아이의 표현이 보다 자세하기 때문에 더 좋은 점수를 받아

야 할 것 같다. 하지만 그렇지 않다. 이 문제는 수학 문제이기 때문에 작문 실력이 아니라 수학적 표현을 잘 썼는지를 따져야 한다.

A 아이는 문장이 간결하면서도 '그중에서', '남은 사탕', '모두', '몇 개'와 같이 꼭 들어가야 하는 수학적 표현들을 잘 사용했다. 반면에 B 아이는 글쓰기 실력은 우수하지만 수학적 표현력은 좀 부족하다. 즉 수학적 표현력이 우수한 A 아이가 좋은 점수를 받아야 하며, 이런 아이가 실제 수학 점수도 좋다.

평소 우리 집 아이는 어떻게 공부하는지 떠올려 보자. 아마 다음처럼 주로 서술형 문제를 읽고 식을 세워서 푸는 훈련을 많이 할 것이다.

Q 사탕이 12개 있습니다. 그중에서 7개를 먹었습니다.
남은 사탕은 모두 몇 개입니까?

A $12 - 7 = 5$

물론 서술형 문제를 통해 식을 세우는 연습도 대단히 중요하다. 하지만 조금 더 단계를 올려 상급 수학을 잘하기 위해서는 이와 반대되는 훈련도 많이 해야 한다. 즉 수식을 서술형 문제로 만들어 보는 훈련을 꾸준히 해야 한다. 요즘 교과서에서도 자주 등장한다.

서술형 문제를 풀 때보다 수식을 보고 서술형 문제를 만들 때 수학 실력의 차이가 여실히 드러난다. 서술형 문제를 읽고 수식을 세워 푸는 것은 단순히 그 문제를 잘 이해하느냐에 따라 좌우된다. 하지만 수식을 보고 서술형 문제를 만드는 것은 우선 수학 수식의 의미부터 정확하게 알아야 한다. 그리고 그것을 매끄럽게 우리말로 표현할 수 있는 능력까지 갖추고 있어야 한다. 수학적 능력뿐 아니라 국어 실력까지 요구되는 것이다.

수학을 서술형 문제로 바꿀 때 중점에 둘 것은 꼭 들어가야 할 말들이 잘 사용되었느냐이다. 수학을 잘하는 아이일수록 핵심 단어를 모두 사용하면서도 간결하게 문제를 만든다. 이와 반대로 수학을 잘 못하는 아이는 필요 없는 단어들을 나열하느라 문제가 길어지기 일쑤이다.

수학적 표현력은 하루아침에 길러지지 않는다. 꾸준한 노력이 필요하다. 교과서에서도 소개하고 있기는 하지만 턱없이 부족하다. 평소 수학 수식을 풀면서 그것을 서술형 문제로 바꿔 보는 훈련을 많이 해야 한다. 더욱 근본적인 해결책은 충분한 독서를 통해 어휘력, 이해력, 표현력 등을 기르는 것이다. 최근 서술형 평가가 대세로 자리매김하고 있는 만큼 수학적 표현력은 더욱 중요해질 것이다.

2학년 때 꼭 알아야 하는 용어와 기호

2학년 수학에서 가장 중요한 개념은 '곱셈'이다. 처음 등장하는 데다 이후 나눗셈이나 분수 개념을 이해하는 데 꼭 필요한 개념이므로, 관심을 기울여야 한다.

| 영역별 필수 용어와 기호 |

영역	내용
수와 연산	곱, 곱셈, 곱셈구구, 분수, ×
도형	삼각형, 사각형, 원, 꼭짓점, 변, 오각형, 육각형
측정	시간, 일, 주일, 개월, 년, 약, cm, m
자료와 가능성	표, 그래프

🔍 같은 수를 반복해서 더하는 '곱셈'

곱셈 개념은 1학기 맨 마지막 6단원에서 배우고 2학기 2단원에서 한 번 더 배우게 된다. 1학기 내용은 학기 말에 배우다 보니 자칫 학교에서 대충 다루고 넘어갈 수 있다. 따라서 가정에서 좀 더 세심한 관심을 기울여야 한다.

곱셈의 개념은 기본적으로 동수누가이다. 즉 같은 수를 반복해서 더하는 것이다. 예를 들어 $6 \times 5 = 6 + 6 + 6 + 6 + 6$이다.

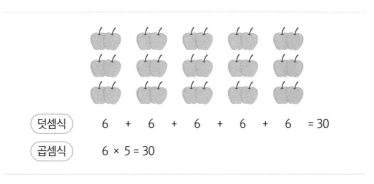

| 덧셈식 | 6 + 6 + 6 + 6 + 6 = 30 |
| 곱셈식 | 6 × 5 = 30 |

| 곱하기의 동수누가 개념 |

쉬운 개념 같지만 많은 아이들이 이를 잘 받아들이지 못한다. 아이들에게 ☆ × 2의 값을 물어보면 "어떻게 별에다 2를 곱할 수 있나요?"라며 난리가 난다. 하지만 동수누가 개념으로 생각해 보면 ☆ × 2 = ☆

+☆이므로 정답은 별 2개 또는 쌍별이라고 할 수 있다. 하지만 이렇게 대답할 수 있는 아이들은 많지 않다.

동수누가의 곱하기 개념을 정확히 안다면 $\frac{1}{4} \times 3$처럼 고학년에서 배우는 내용도 어렵지 않게 답할 수 있다. $\frac{1}{4} \times 3$은 $\frac{1}{4}$을 세 번 더한다는 의미이므로, $\frac{1}{4} \times 3 = \frac{1}{4} + \frac{1}{4} + \frac{1}{4} = \frac{3}{4}$이 된다.

곱셈의 정확한 의미를 알았다면 그때 구구단을 외우게 해야 한다. 구구단을 외울 때에도 수시로 곱셈의 개념을 제대로 알고 있는지 확인해야 한다. 19단까지 외웠어도 곱셈의 개념을 모른다면 무용지물이다.

🔍 9단까지만 알아도 충분한 구구단 외우기

2학년 때 구구단을 배우면서 기본적으로 모든 아이들이 9단까지 습득한다. 물론 개중에는 19단까지 외우는 아이들도 있다. 수학이 강한 인도에서 19단까지 가르친다는 이유로 집에서 시키는 것인데, 다시 생각해 볼 필요가 있다. 아이들이 완전히 능숙하게 사용할 수 있을 정도로 9단까지 외우려면 몇 달이 소요된다. 본인들이 어렸을 때 구구단을 외웠던 경험을 떠올려 보면 그것이 얼마나 힘든 일인지 쉽게 알 수 있다. 그런데 구구단의 두 배도 더 되는 양인 19단까지 외우게 하는 것은 아이들에게 마의 벽을 넘으라고 강요하는 것과 다름이 없다.

물론 19단까지 다 외우면 약수와 배수 개념에 강해지기 때문에 통분, 약분에 유리하고 제곱수 등을 빨리 파악할 수 있다는 장점이 있다. 하지만 19단까지 외우는 데 소모되는 고통과 노력에 비하면 그 이점은 대단히 미미하다. 오히려 수학은 고통스럽고 괴로운 과목이라는 부정적인 인식을 심어 줄 확률이 더 크다.

2학년 수학에서
약점이 되기 쉬운 단원

🔍 미리 살펴보는 2학년 단원 구성

2학년에서 가장 주안점을 둬야 하는 것은 구구단과 곱셈이지만, 1학

| 2학년 교과 과정 |

구분		1학기	2학기
2학년 수학	1단원	세 자리 수	네 자리 수
	2단원	여러 가지 도형	곱셈구구
	3단원	덧셈과 뺄셈	길이 재기
	4단원	길이 재기	시각과 시간
	5단원	분류하기	표와 그래프
	6단원	곱셈	규칙 찾기

년 때 자연수의 덧셈과 뺄셈의 원리를 완벽하게 익히지 못했다면 2학년 때는 꼭 완성을 해야 한다.

🔍 덧셈과 뺄셈(1학기 3단원)

이전 교육 과정에서는 2학년 때 '덧셈과 뺄셈' 단원이 무려 네 개나 되었다. 하지만 개정된 교육 과정에서는 덧셈과 뺄셈 내용이 대거 1학년으로 이동하여 2학년에는 달랑 한 단원만 남았다. 그렇다고 2학년 과정에서 덧셈과 뺄셈의 중요성이 반감된 것은 아니다. 3학년 때도 덧셈과 뺄셈을 배우기는 하지만 자연수의 덧셈과 뺄셈은 2학년 때 마무리한다고 생각하면 된다. 덧셈과 뺄셈의 원리를 철저하게 익혀야 한다.

🔍 여러 가지 도형(1학기 2단원)

2학년 1학기에 등장하는 '여러 가지 도형' 단원은 도형과 관련된 내용을 다룬다. 초등학교 도형 학습의 본격적인 출발이 되는 단원이라고 할 수 있다. 이 단원에서는 평면도형의 가장 기본이 되는 변, 꼭짓점, 삼각형, 사각형, 오각형, 육각형 등의 개념을 소개한다. 내용이 그렇게 어렵지 않다 보니 대수롭지 않게 넘길 확률이 크다. 하지만 아무리 쉬워 보여도 반드시 도형 개념을 '정확하게' 이해하고 암기해야 한다. 개념을 정확히 이해했다면 영어 단어 외우듯이 술술 읊을 수 있도록 해야 한다. 이렇게 공부하는 습관을 들여야 학년이 올라가도 도형 영역이 어렵지 않다.

칠교판이나 지오보드 등을 이용해 충분히 조작체험 활동을 할 수 있도록 도와야 한다. 이런 활동을 많이 하면 도형을 직관적으로 이해하는 데 도움이 되고, 도형에 대한 흥미를 높일 수 있다.

🔍 곱셈(1학기 6단원), 곱셈구구(2학기 2단원)

초등학생이 처음으로 곱셈과 만나는 단원이다. 단원 전체가 곱셈의 개념을 이해시키기 위해 구성되어 있다. 곱셈의 가장 기본은 덧셈 개념으로, '묶어 세기'와 '뛰어 세기'를 잘하는 아이들은 수월하게 익힌다. 이 단원을 통하여 꼭 익혀야 하는 개념은 곱셈의 개념이다. 앞에서도 설명했지만 5 × 3의 개념이 5 + 5 + 5라는 사실을 꼭 인식시켜 주어야 한다. 그리고 이를 이해했다는 것을 확인한 후 구구단을 외우게 해야 한다.

구구단 외우기는 너무 성급하게 생각할 필요가 없다. 여름 방학이나 2학기 2단원인 '곱셈구구' 단원에서 익혀도 충분하다. 구구단은 '2단→5단→3단→4단→9단→6, 7, 8단' 순으로 외우면 효율적이다. 구구

영역	내 용
수와 연산	• 1000까지의 수 ★★★ • 두 자리 수의 덧셈과 뺄셈 ★★★ • 세 자리 수의 덧셈과 뺄셈 ★★★★ • 곱셈의 도입(곱셈의 의미) ★★★ • 곱셈구구(구구단 외우기) ★★★
도형	• 기본적인 평면도형(변, 꼭짓점, 삼각형, 사각형, 다각형의 개념) ★★★ • 입체도형의 구성(쌓기나무 활동을 통한 입체도형 이해) ★★
측정	• 길이(cm와 m의 크기 알기, 자 혹은 줄자로 물건 길이 재기) ★★ • 시각과 시간 알기(시계 정확히 읽을 줄 알기) ★★ • 여러 가지 시간 단위 알기(1주일, 1달, 1년) ★★★★ • 측정값 나타내기(어림하기, 약, 더 된다, 못 된다) ★★
규칙성	• 물체, 무늬, 수 등의 배열에서 규칙 찾기 ★★ • 자신이 정한 규칙에 따라 물체, 무늬, 수 등을 배열하기 ★★★
자료와 가능성	• 분류한 자료를 표로 나타내기 ★★★ • 분류한 자료를 그래프로 나타내기 ★★★

단은 '뛰어 세기'와 같은데 2단과 5단은 뛰어 세기가 쉽다. 또한 3단과 4단은 수가 크지 않기 때문에 별로 어렵지 않게 생각한다. 하지만 6단, 7단, 8단은 뛰어 세는 수가 크다 보니 아이들이 많이 어려워한다. 또 9단은 십의 자리는 1씩 커지고 일의 자리는 1씩 작아지는 규칙이 있기 때문에 아이들이 오히려 쉽게 잘 외운다.

03

곱셈, 나눗셈이 복잡해지는 3학년 수학

| 3학년
수학 약점 | -나눗셈의 두 가지 개념
-이산량 분수
-원의 지름과 반지름 |

"3학년 때 분수의 기초를 잘 잡아 놓으면
이후 수학이 어렵지 않다"

2학년 때까지 수학을 좋아하던 아이들이 3학년을 거치면서 수학에 대한 호불호가 생기고 성적이 갈리기 시작한다. 실제로 시험을 보면, 서로의 점수가 비슷했던 2학년 때와 달리 개인차가 많이 발생한다.

그 까닭은 3학년 수학까지 배우게 되면 초등 수학의 기초 내용을 조금씩 다 맛보게 된다. 예를 들어 초등학교에서 배우는 수와 연산 영역은 자연수, 분수, 소수의 사칙연산이 전부인데 3학년이 되면 자연수, 분수, 소수까지 기본 개념을 다 배우게 된다. 이뿐만 아니라 사칙연산도 3학년 때 나누기까지 모두 배우게 된다. 이후 학년에서는 이를 발전시켜 자릿수를 늘리거나 복잡한 연산을 수행하는 것에 불과하다. 따라서 3학년까지만 잘 배워 놓으면 이후 학년에서도 별다른 문제가 발생하지 않는다.

다른 영역도 이와 비슷하다. 도형 영역에서도 입체도형을 빼고는 대부분의 도형을 전부 배우게 된다. 이렇다 보니 3학년이 끝날 때까지 수학을 좋아하고 잘한다면 초등학교를 졸업할 때까지 수학을 잘할 확률이 높다.

만약 아이가 3학년이 끝나가는데도 여전히 수학을 잘하고 있다면 부모님께 격려의 박수를 보내고 싶다.

"여기까지 오시느라 대단히 수고하셨습니다. 잠시 한숨 돌리셔도 되겠습니다."

부모의 관심이 필요한
3학년 수학

    초등 수학에서 가장 어려운 내용을 배울 뿐만 아니라 수학을 포기하는 아이들이 가장 많이 발생하는 학년이 5학년이라면 3학년은 갈림길의 초입 정도에 해당한다. 어느 학년보다 바른 인도가 절실한 학년이다.

    이런 측면에서 3학년까지는 부모의 손길이 많이 필요하다. 1, 2학년 때까지만 해도 부모들이 많은 관심을 쏟지만 중학년 정도가 되면 자기 스스로 공부하기를 바라는 마음에 혼자 내버려 두는 경우가 많다. 만약 저학년부터 자기 주도 학습 능력을 키워 왔다면 문제가 없겠지만 그렇지 않은 상태에서 아이의 손을 놓아 버리는 것은 대단히 위험하며 무책임한 행동이다. 고학년 수학은 부모가 봐주고 싶어도 어려워서 가르치지 못한다. 하지만 3학년 정도까지는 부모가 마음만 먹는다면 충분히 봐줄 수 있다.

또한 수학 공부를 도와주는 것만큼 중요한 것은 수학 공부의 습관을 만들어 주는 것이다. 보통 부모가 직접 가르치거나 학습지나 학원을 이용하는 것이 일반적인데, 수학 공부의 성과를 좌우하는 것은 공부 방식이 아니라 매일 꾸준히 공부하는 습관이다. 만약 이런 습관을 길러 주지 못하면 그 영향이 5학년 무렵부터 나타나기 시작한다.

수학 공부는 조금씩이라도 매일 하는 것이 핵심이다. 많은 공부를 시키라는 이야기가 절대 아니다. 아이가 하루라도 수학 문제를 풀지 않고 건너뛰는 날에는 허전한 느낌이 들게끔 만들어야 한다. 이런 공부 습관을 갖는다면 3학년 이후로 점점 어려워지는 수학도 무사히 대비할 수 있다.

자연수의 사칙연산을
정복하는 아이가 수학을 잘하게 된다

3학년 수학을 지도하다가 이런 경우를 보았다. 서술형 문제의 식을 세웠는데 식이 '7024 - 4675'였다. "계산하면 얼마일까?"라고 묻자 말이 끝나기 무섭게 한 아이가 "2349요."라고 대답하는 것이었다. 순간 반 아이들이 그 아이를 쳐다보면서 "워~!" 하였다. 빠르고 정확하게 정답을 계산해 낸 친구에 대한 존경의 표현이었다. 이 아이는 수학을 썩 잘하는 아이는 아니었지만 계산 하나는 누구보다도 빠르고 정확했다. 수학 시간에 이런 경험이 몇 번 반복되자 아이들은 이 아이가 수학을 잘한다고 생각하게 되었다.

초등 수학에서는 연산의 숙달이 매우 중요하다. 따라서 3학년까지는 사칙연산의 틀이 잡히고 숙달될 수 있도록 적극적으로 도와야 한다.

물론 자연수의 사칙연산은 4학년 때 완성된다. 하지만 실질적인 마무리는 3학년 때 이루어진다. 3학년 때 나누기까지 배우면 초등학교에서 배워야 하는 사칙연산의 기초는 다 닦게 된다.

자연수의 사칙연산은 초등 수학의 핵심 중의 핵심이다. 이를 완벽하게 마스터하지 못하면 분수, 소수의 사칙연산은 물론이고, 도형이나 측정 영역도 절대 잘할 수 없다.

이미 앞에서 2학년 때부터 연산 훈련을 시작할 것을 권했다. 3학년 때 집중해야 할 연산 훈련은 자연수의 사칙연산 중에서도 자연수의 곱하기와 나누기이다. 아주 쉽고 간단해 보이지만, 이 부분이 약한 아이들은 수학에 대한 자신감이 현저하게 떨어진다. 절대 우습게 볼 일이 아니다.

틀린 문제를
또 틀리지는 않는 법

3학년이 됐다면 오답 노트를 만들어서 활용할 수 있도록 도와줘야 한다. 아이의 시험지를 보면 틀린 문제는 항상 틀리는 것을 알 수 있다. 아무리 주의를 주고 연습을 시켜도 틀린 문제는 또 틀린다. 재미있는 점은 시험 중에 몰라서 찍은 문제는 다음에도 찍을 확률이 높고, 아무리 사소한 실수라도 다음에 똑같은 실수를 또 한다는 것이다. 이러한 특성 때문에 수학은 어느 과목보다 오답 노트가 절실하게 필요하다.

그런데 오답 노트의 필요성을 절감하고 많은 아이들이 시도하지만 성공적으로 활용하는 사례는 찾아보기 힘들다. 언뜻 보기에 쉬운 듯하지만 만들기 어려운 게 오답 노트이다. 그 이유는 다음과 같다.

▶ 체계 없이 정리된 노트

어떤 아이들은 오답 노트를 작성할 때 공책 한 바닥에 다섯 문제 이상 빽빽이 써놓는다. 이는 마치 창고에 짐을 아무렇게나 쌓아 놓은 것과 같다. 이렇게 정리된 창고는 나중에 물건을 찾는 데 시간이 오래 걸릴 뿐 아니라 보기에도 심란해서 창고를 열어 보지 않게 된다. 오답 노트도 마찬가지이다. 이런 식으로 쌓아 놓는 데 치중한 오답 노트는 시간만 허비하고 한 번도 들여다보지 않을 확률이 높다.

성공적으로 오답 노트를 만들기 위해서는 공책을 아끼면 안 된다. 한쪽에 한 문제 혹은 아무리 많아도 두 문제를 넘지 말아야 한다. 그리고 반드시 글씨를 또박또박 써야 한다. 다소 귀찮더라도 깨끗이 쓰는 것이 좋다. 잘 정리된 노트는 나중에 저절로 다시 보고 싶어진다. 만약 아이가 글씨를 날려 쓴다면, 문제를 직접 옮겨 적는 방식보다 문제지나 시험지에서 틀린 문제를 오려 붙이는 방식이 더 효율적이다.

▶ 오답 노트가 맞지 않는 아이

오답 노트가 학습에 많은 효과를 준다는 것은 널리 알려져 있다. 그래서 너도나도 하나의 공부법으로 오답 노트를 사용하고 있다. 하지만 오답 노트가 모든 아이에게 적합한 것은 아니다. 수학 점수가 낮은 아이에게는 오히려 방해가 될 뿐이다.

오답 노트는 수학 점수가 70~80점 이상 되는 아이들에게 효과가 있다. 점수가 너무 낮은 아이들은 틀린 문제가 너무 많기 때문에 오답 노트를 만들 때부터 스트레스를 받는다. 이는 오히려 수학을 싫어하게 만든다. 따라서 아이의 수학 실력을 고려해서 오답 노트를 활용할 것을 권한다.

▶ 만드는 것보다 자주 보는 것이 중요하다

"열심히 오답 노트를 만들었는데, 왜 성적이 오르지 않죠?"라는 질문을 많이 받는다. 의외로 많은 아이들이 이런 이유로 오답 노트를 작성하다 그만둔다. 그런 아이들을 살펴보면 대부분 오답을 정리하고 난 후 절대 다시 들여다보지 않는다는 공통점을 갖고 있다. 오답 노트는 만드는 것보다 그것을 반복해서 보는 것이 더 중요하다. 특히 시험 보기 전에는 오답 노트를 통해 반드시 자신이 틀린 문제들을 점검해야 한다.

▶ 오답 노트의 틀을 만들어라

아이에게 무작정 오답 노트를 작성하라고 하면 어떻게 작성해야 할지 몰라 헤매게 된다. 그러므로 어느 정도 작성하는 형식을 제공해 주는 것이 좋다.

오답 노트의 내용은 개인별로, 필요에 따라 다르다. 하지만 대체로 다음 내용이 들어갈 수 있도록 지도한다면 오답 노트를 효과적으로 활용할 수 있다.

1. 어떻게 문제를 풀었을까?

아이에게 문제를 어떻게 풀었는지 떠올리게 한 후 그대로 적게 한다.

2. 올바른 풀이는 무엇일까?

해답의 정확한 풀이 과정을 옮겨 적게 한다.

3. 어디에서 실수한 것일까?

아이의 풀이와 해답의 풀이를 비교하여 어떤 부분에서 실수가 있었는지 점검하게 한다.

4. 관련 개념을 정리하라

문제와 관련된 주요 개념을 복습해서 정리하게 한다. 이는 깊이 있는 학습을 돕는다.

5. 문제점을 어떻게 극복해야 할까?

오답 노트를 정리하며 아이의 약점을 알게 되었다면, 이를 보완할 학습 계획을 세워야 한다. 기출 문제 분석, 유형별 반복 학습 등 구체적인 학습 방향과 분량, 시간 계획을 아이와 의논해서 세운다.

만약 이렇게 지도하기가 부담스럽거나 시간이 없다면, 시중에서 파는 오답 노트를 활용해도 좋다. 무엇을 기재하고, 어떻게 적어야 하는지 잘 알려 주고 있어 쉽게 접근할 수 있다.

3학년 때 꼭 알아야 하는
용어와 기호

   3학년 수학에서 가장 중요한 것은 '나눗셈'이다. 사칙연산 중 아이들이 가장 어려워하는 부분이기도 하다. 나눗셈은 다른 연산에 비해 개념이 다양하고 복잡하기 때문이다. 가르치는 사람부터 나눗셈의 개념을 바로 알고 제대로 가르칠 필요가 있다.

| 영역별 필수 용어와 기호 |

영역	내용
수와 연산	나눗셈, 몫, 나머지, 나누어떨어지다, 분수, 분모, 분자, 소수, 소수점(.), ÷
도형	직선, 선분, 반직선, 각, 꼭짓점, (각의)변, 직각, 직각삼각형, 직사각형, 정사각형, 중심, 반지름, 지름
측정	초, mm, km, L, mL, g, kg, t
자료와 가능성	그림그래프

같은 수를 계속 빼는 '나눗셈'

곱셈이 같은 수를 계속 더하는 동수누가의 개념이라면 나눗셈은 같은 수를 계속 빼는 동수누감의 개념이다. 이런 의미에서 곱셈과 나눗셈은 정반대의 개념이다.

예를 들어 파인애플이 12개 있는데 3개씩 접시에 담는다고 가정해 보자. 파인애플은 총 4접시가 나올 것이다. 그 결과를 그림으로 나타내면 다음과 같다.

이 과정을 뺄셈식으로 나타낼 수 있다.

$$12 - 3 - 3 - 3 - 3 = 0$$

이 과정을 간단히 나눗셈으로 표기하면 12÷3이 된다. 이 경우 12÷3은 '12는 3을 몇 번 포함하고 있는가?'의 의미를 가지는데, 이를 '포함제^除 나눗셈'이라고 한다. 이런 포함제 나눗셈 문제에는 거의 '~씩'이라는 어휘가 들어간다. 포함제 나눗셈의 예를 몇 가지 들어 보겠다.

· 사탕 8개를 한 번에 <u>2개씩</u> 먹으려고 합니다. 몇 번 먹을 수 있습니까?
· 바둑돌 21개를 <u>3개씩</u> 모았습니다. 몇 무더기가 나옵니까?

교과서에서는 이 동수누감의 개념을 '똑같이 묶어 덜어 내기'라는 내용(1학기 3단원)으로 배우게 된다.

한편 나눗셈에는 이 포함제의 개념만 있는 것이 아니다. 등분제^{等分除} 나눗셈의 개념도 있다. 등분제는 말 그대로 똑같이 나눈다는 의미이다. 12÷3을 등분제 나눗셈의 개념으로 예로 들면 '아보카도가 12개 있습니다. 3개의 그릇에 똑같이 나눈다면 그릇 하나에는 몇 개가 담기

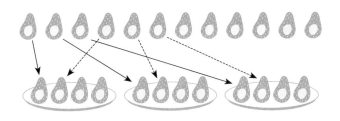

나요?'와 같은 문제가 된다. 결국 포함제와 마찬가지로 답은 4이지만 과정은 다르다. 앞의 그림을 살펴보면 쉽게 이해할 수 있다.

즉 이때의 12÷3은 '12를 3등분한다'는 뜻이고 3등분을 하면 '그 한 등분의 크기는 4'가 된다는 것이다. 이 개념이 바로 나눗셈의 등분제 개념이다. 등분제 개념이 들어간 문제는 '똑같이 나누면'과 같은 어휘가 많이 등장한다.

- 공깃돌이 15개 있습니다. 3명의 사람이 똑같이 나누어서 공기놀이를 하려고 합니다. 한 사람이 몇 개씩 가지게 됩니까?
- 사과가 6개 있습니다. 두 사람이 똑같이 나누어 먹는다면 한 사람이 몇 개를 먹습니까?

나눗셈의 등분제 개념은 바로 분수의 개념이 되기도 한다. 교과서에서는 이 등분제 개념을 '똑같게 나누기'라는 내용(1학기 3단원)으로 배우게 된다.

나눗셈에서 유의해야 할 점은 많은 아이들이 등분제나 포함제 개념 중 한쪽 개념만 이해하는 경우가 종종 발생한다는 것이다. 특히 등분제 개념만 받아들이는 경우가 많은데, 이는 반쪽짜리 개념 이해. 장님이 코끼리를 만지듯 어느 한 부분을 전체인 양 이해하는 공부법은 수학 공부에서 반드시 피해야 한다. 익히지 못한 부분은 학년이 올라갈수록 점점 큰 자리를 차지해 결국 학습 구멍이 된다.

분수

3학년 1학기 때 배우는 분수 개념은 등분할 분수이다. 분수 중 가장 기본이 되는 개념으로, 등분할 분수는 전체가 1인 연속량(셀 수 없는 양)을 똑같이 몇 개의 부분으로 나누고 이중 일부를 나타내는 데 쓰이는 분수이다. 예를 들어 색종이 한 장을 똑같이 4등분으로 나누고 그중의 한 부분을 $\frac{1}{4}$이라고 나타내는 것이다. 여기에서 주목해야 하는 것은 똑같이 나눈다는 사실이다. 똑같이 나누어지지 않으면 분수가 될 수 없음을 가르쳐 줘야 한다.

다음 그림을 통해 등분할 분수의 개념을 분명히 할 수 있다.

아이에게 위 그림을 보고 어느 것이 $\frac{1}{4}$을 나타낸 그림인지 맞춰 보게 하라. 왼쪽의 그림은 전체를 똑같이 4등분으로 나누고 그중의 한 부분을 나타냈기 때문에 $\frac{1}{4}$이라고 할 수 있다. 오른쪽의 그림 역시 전체를 4개로 나누고 그중의 한 부분을 나타냈기 때문에 $\frac{1}{4}$이라고 생각할 수 있지만, 똑같이 나누지 않았기 때문에 $\frac{1}{4}$이 아니다. 이처럼 똑같이 나누었을 때만 분수가 된다는 것을 정확히 인지시켜야 한다.

　3학년 2학기 때 배우는 분수의 개념은 좀 더 복잡하다. 연속량이 아니라 이산량을 다루기 때문이다. 이산량은 사과 빵처럼 셀 수 있는 양을 말하고, 연속량은 넓이, 길이처럼 셀 수 없는 양을 말한다. 아이들은 색종이(연속량)를 똑같이 네 개로 나눈 것 중 하나를 $\frac{1}{4}$로 표현하는 것은 잘 이해한다. 하지만 사탕(이산량) 8개를 2개씩 똑같이 묶은 것 중 하나를 $\frac{1}{4}$로 표현하는 것은 매우 어려워한다. 예시를 풀어 보자.

Ｑ 색칠한 부분을 분수로 나타내세요.

　위 문제의 정답은 $\frac{2}{3}$이다. 전체 9개를 3개씩 묶어 그중에 두 묶음을 색칠했기 때문에 $\frac{2}{3}$가 되는 것이다. 전체를 똑같이 나눈 부분을 나타낸다는 점에서 1학기 내용과 같지만 이산량을 다루기 때문에 많은 아이들이 정말 어려워한다. 교과서를 반복해서 읽어 개념을 익히게 하는 것이 가장 좋다.

3학년 수학에서
약점이 되기 쉬운 단원

🔍 미리 살펴보는 3학년 단원 구성

3학년은 자연수의 사칙연산이 마무리되는 학년으로, 가장 중심이 되

| 3학년 교과 과정 |

구분		1학기	2학기
3학년 수학	1단원	덧셈과 뺄셈	곱셈
	2단원	평면도형	나눗셈
	3단원	나눗셈	원
	4단원	곱셈	분수
	5단원	길이와 시간	들이와 무게
	6단원	분수와 소수	자료의 정리

는 내용은 곱셈과 나눗셈이다. 특히 나눗셈은 3학년 때 처음 배우는 내용이기 때문에 어려움을 겪는다. 나눗셈은 분수와도 연관성이 있기 때문에 철저하게 다질 수 있도록 도와야 한다.

3학년 때 배우는 분수의 기초는 정말 중요하다. 2학기에 배우는 분수는 이산량을 다루고 있어 약점이 될 소지가 크므로 반드시 제대로 짚고 넘어가야 한다.

🔍 분수와 소수(1학기 6단원)

초등 수학에서 아이들이 가장 어려워하는 분수는 3학년 1학기 마지막 단원에서 처음으로 등장한다. 아이들이 분수를 대단히 어려워하는 것은 분수가 추상적인 수를 다루기 때문이기도 하지만 무엇보다 분수의 기본 개념을 등한시하기 때문이다. 이 단원의 중요성이 여기에 있다. 분수의 가장 기본이 되는 개념을 배우는 단원으로 분수의 시작이자 핵심이라고 할 수 있다.

초등학교에서 배우는 수는 자연수, 분수, 소수이다. 3학년 때 분수에 이어 소수를 배우면서 초등학교 때 배우는 수는 다 접하게 된다. 다만 소수는 간단히 맛보는 정도로, 본격적으로 배우는 것은 4학년 때부터이다. 3학년 때는 소수를 다루는 단원에서도 소수보다 분수의 크기 비교가 더 많이 등장한다. '$\frac{4}{5}$와 $\frac{3}{5}$ 중 어느 분수가 큽니까?'와 같이 분모가 같은 분수의 크기 비교뿐만 아니라 '$\frac{1}{5}$과 $\frac{1}{6}$ 중 어느 분수가 큽니까?'와 같이 분모가 다른 분수(이분모)의 크기 비교도 배운다.

　이분모 분수의 크기를 비교할 때는 분모를 통분하는 방법보다 띠종이처럼 구체물에 직접 그려서 비교해 보는 조작체험 활동을 권하고 싶다. 이런 방법을 통해 다소 추상적인 분수의 개념을 구체적으로 정확하게 받아들일 수 있다.

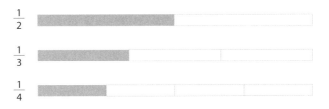

| 띠종이를 활용한 이분모 분수의 크기 비교 |

　이분모 분수의 크기 비교는 이후 상위 학년에서 다시 배운다. 3학년 때 이를 배우는 것은 분수의 개념을 보다 정확하게 인식시키기 위해서이다. 따라서 얼마나 답을 잘 맞추느냐보다 얼마나 분수를 올바로 이해하는지에 중점을 둬야 한다.

🔍 나눗셈(1학기 3단원, 2학기 2단원)

나눗셈 개념은 앞서 설명했지만 포함제와 등분제 개념을 반드시 알아야 한다. 교과서 역시 이 순서에 맞게 아주 잘 구성되어 있다. 포함제 개념은 '똑같이 묶어 덜어 내기'라는 명칭으로 소개되어 있으며, 등분제 개념은 '똑같게 나누기'라는 명칭으로 소개되어 있다.

아이의 교과서를 본 부모라면 누구나 옛날 교과서와 확연히 달라졌다는 것을 알 수 있을 것이다. 개념을 철저히 익힐 수 있도록 나눗셈의 개념, 몫의 개념, 곱셈과 나눗셈의 관계 등을 상세하게 다루고 있다. 만약 아이가 3학년이 다 되어 가도록 혹은 4학년인데도 나눗셈을 어려워한다면 3학년 1학기 교과서를 다시 공부하게 해야 한다. 교과서에서 아주 자세하게 소개하고 있으므로, 문제집으로 공부하기보다 교과서를 여러 번 정독하는 것이 부족한 수학 실력을 보완하는 데 더 큰 도움이 된다. 교과서만큼 개념 원리를 세세하게 다룬 교재는 드물기 때문이다. 따라서 수학 교과서는 학년이 끝나도 가급적 버리지 말고 모아 두었다가 활용하는 것이 좋다.

🔍 분수(2학기 4단원)

3학년 1학기에 이어 2학기 때도 분수를 배운다. 그런데 2학기 때 배우는 분수를 어려워하는 아이들이 많다. 왜냐하면 나누는 대상이 달라지기 때문이다. 1학기 때는 나누는 대상이 한 개였다. '사과 한 개를 똑같이 2조각으로 나눈다.' '피자 한 판을 똑같이 8조각으로 나눈다.'처럼 말이다. 하지만 2학기에는 나누는 대상이 여러 개다. 즉 '사과 6개의 $\frac{1}{3}$은 얼마입니까?' '딸기 30개의 $\frac{1}{3}$은 얼마입니까?'처럼 말이다.

나누는 대상이 한 개일 때는 곧잘 이해하지만 그 대상이 여러 개가 되면서 아이들은 헷갈려하기 시작한다. 분수는 나누는 대상의 개수와 상관없이 항상 전체를 '1'로 생각하면 된다. 하지만 아이들은 이 부분을 굉장히 어려워한다.

예를 들어 피자 한 판을 1로 생각하는 문제, 즉 '피자 한 판을 8명이 똑같이 나누어 먹는다면 한 사람이 얼마를 먹습니까?'와 같은 문제는 대부분의 아이들이 잘 푼다. 하지만 '피자 8판이 있습니다. 내가 전체의 $\frac{1}{8}$을 먹었다면 나는 얼마를 먹었습니까?'처럼 나누는 대상이 한 개가 아닌 여러 개가 모여서 1이 되는 문제는 어려워한다.

3학년 분수에서는 여러 개의 대상을 1로 보고 똑같이 나누는 분수 개념을 이해해야 한다. 여기까지 완벽하게 이해한다면 분수의 기본 개념이 아이의 약점으로 작용할 확률은 거의 없다.

🔍 원(2학기 3단원)

2학년과 3학년 1학기에 삼각형, 사각형과 같은 다각형 개념을 집중적으로 배웠다면, 3학년 2학기에는 원에 대해 집중적으로 배운다. 이때 잘 배워 놓아야 6학년 때 원주와 원의 넓이를 쉽게 배울 수 있다. 3학년 때는 원의 기초가 되는 원의 지름과 반지름 그리고 작도법을 집중적으로 배운다.

원의 지름이 한 개밖에 없다고 생각하는 아이들이 많다. 하지만 원의 지름이란 '원의 중심을 지나는 선분'으로, 무수히 많다. 미묘한 차이 같지만 대단히 중요한 의미이므로 정확히 이해하고 넘어가야 한다. 이와 함께 원의 중심, 지름, 반지름의 개념도 명확히 알아야 한다.

또한 컴퍼스를 사용해 될 수 있는 한, 원을 많이 작도해 보는 것이 좋다. 의외로 3학년 중에 원을 그릴 때 필요한 조작 능력이 부족한 아이들이 많다.

"선생님, 컴퍼스는 누가 만들었어요? 왜 이런 걸 만들어 우릴 괴롭히는지 모르겠어요."

3학년 아이들을 지도하다 보면 이런 하소연을 하는 친구들이 꼭 있다. 어른의 시각으로 볼 때는 별거 아닐지 모르지만

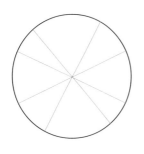

| 원의 중심을 지나는 선분(지름)의 예시 |

영 역	내 용
수와 연산	• 세 자리 수의 덧셈과 뺄셈★★★ • 나눗셈의 개념 및 나누는 수가 한 자리 수인 계산 원리★★★★ • 곱셈의 계산 원리★★★★ • 소수의 이해(소수를 분수로 바꾸기, 분수를 소수로 바꾸기, 소수의 크기 비교하기)★★★★
도형	• 직선, 선분, 반직선을 알고 구별하기★★ • 각과 평면도형(직각삼각형, 직사각형, 정사각형 알기)★★★★ • 원의 구성 요소 (컴퍼스로 원 그리기, 원의 중심, 지름과 반지름 알기)★★★
측정	• 길이(mm, km, 길이의 덧·뺄셈, 길이 단위 환산하기)★★ • 시간(초 단위까지의 시각 읽기, 시간의 덧·뺄셈)★★ • 들이(L와 mL알기)★★★ • 들이의 덧셈과 뺄셈★★ • 무게(저울의 눈금, kg과 g의 단위 환산하기)★★★ • 무게의 합과 차★★★
자료와 가능성	• 자료의 수집, 정리하여 표로 나타내기★★ • 표를 보고 그림그래프로 나타내기★★

아이들은 컴퍼스로 원을 그리는 활동이 쉽지 않다. 많은 연습이 필요
하다.

04

도형을 잡아야 하는
4학년 수학

4학년 수학 약점	-도형 개념 -도형의 뒤집기, 돌리기 -분수의 덧·뺄셈

"수학아! 너만 보면 내 머리가 어지러워지고 아주 그냥 머리가 팽팽 돌아. 그리고 너와 같이 있는 ×, ÷, −, +가 날 꿈속에서도 괴롭혀. 알고 있니? 난 숫자가 너무 싫은데 너 때문에 부모님께 혼나고 수학 공부방도 다니게 되었어. 너만 없으면 살 것 같은데, 이런 내 마음 너는 아니?"

"수학아! 나는 네가 과목 중에서 제일 좋아. 왜냐하면 너는 덧셈, 뺄셈, 곱셈, 분수, 나눗셈, 곱셈처럼 재미있는 것이 아주 많잖아. 너는 때때로 어렵기도 하지만 오랜 고민 끝에 문제의 답을 알아내면 아주 아주 아주 아주 기분이 좋아. 나는 재미있는 네가 참 좋아."

수학에 대한 느낌을 써보라고 했더니 4학년 아이들이 쓴 글 중 일부를 소개한 것이다. 한 아이는 수학에 대한 원망과 원한이 아주 제대로 서려 있는 데 반해 다른 아이는 '아주'라는 말을 여러 번씩 써가면서 수학에 대한 호감을 표시했다. 이처럼 4학년쯤 되면 수학을 좋아하는 아이와 그렇지 않은 아이가 분명히 갈린다.

수학을 좋아하는 아이들은 점점 수학에 빠져들고 부모가 시키지 않아도 스스로 재미있게 공부하는 단계에 이른다. 하지만 수학을 싫어하는 아이들은 점점 수학을 싫어하다 못해 기피한다. 엄마와 전쟁을 한바탕 치른 뒤에야 겨우 땜질식으로 공부할 뿐이다.

4학년은 그동안 겉으로 드러나지 않고 잠재해 있던 약점들이 하나둘 수면 위로 올라오며 실체를 드러내는 시기이다. 부모들이 바짝 긴장해야 하는 학년이다.

4학년 수학이
어렵게 느껴지는 이유

4학년 1학기 첫 단원인 '큰 수'를 기점으로 자연수와 자연수의 사칙연산은 마무리 짓게 된다. 초등학교 입학 전부터 배웠을 자연수와 자연수의 사칙연산의 기나긴 여정이 4학년 때 마침표를 찍는 것이다.

이제 그 자리를 분수와 소수가 차지하게 된다. 자연수를 모두 배우고 유리수인 분수와 소수로 나아간다는 것은 수학적으로 의미가 크다. 이제 기초 수학에서 벗어나 좀 더 차원 높은 고급 수학으로 넘어가고 있음을 알리는 신호탄이다. 또한 생활 속의 구체적인 상황이 아닌 경험하지 못한 추상적이고도 비구체적인 상황으로 학습 영역이 전환되는 것을 의미한다.

분수나 소수로 나아가기 위해서는 무엇보다 자연수에 대한 확실한 다지기가 필요하다. 먼저 십진법에 의한 자릿수 개념이 확실한지 확인해야 한다. 1학기 1단원에서는 억과 조 단위까지 소개되는데 이 내용을 무난하게 소화한다면 자연수의 십진법의 원리와 자릿수 개념을 이해했다고 보아도 큰 무리가 없다.

또한 사칙연산 중 곱하기와 나누기의 개념을 정확히 알고 있는지 살펴보아야 한다. 자연수의 곱셈과 나눗셈 개념은 이어서 배우게 되는 분수와 소수의 곱셈과 나눗셈 개념의 기본이 되기 때문에 반드시 확실히 알고 지나가야 한다. 자연수의 사칙연산을 자유자재로 할 줄 알고 정확성과 빠르기까지 갖추었다면 지금까지의 연산은 아주 잘 배웠다고 할 수 있다.

🔍 학원을 고민하고 있다면

4학년 무렵 아이들이 점점 수학을 싫어하고 멀리하는 데에는 수학이 어려워진 이유도 있지만 외적인 이유가 한몫하는 경우도 많다. 그중에 학원이나 학습지 등으로 아이를 무리하게 압박하는 이유가 가장 크다. 많은 부모들이 4학년 정도 되면 수학 학원을 꼭 보내야 한다는 사명감에 불타오른다. 내내 엄마표 학습을 해오던 부모도 이제는 학원을 보내야 하지 않을까 진지하게 고민한다.

하지만 절대 수학 학원을 필수 코스로 여기지 않기를 바란다. 오히려 수학 학원에 보내게 되면 자기 주도 학습 능력이 무너져 수학 공부에 악영향을 끼칠 수 있기 때문이다. 부모는 아이가 고학년이 되면 공부를 많이 해야 한다는 생각에 학원에 보내고 학습지를 시킨다. 그 과정에서 아이는 점점 수학에 대한 심리적 거부감을 가지게 된다. 이 과정을 잘 극복하지 못하면 수학 공부를 도와주고자 시작한 학습지와 학원이 오히려 독이 된다.

4학년 아이들을 가르칠 때 수학을 굉장히 잘 하는 남자아이가 있었다. 그 아이에게 학원을 다니냐고 물었더니 안 다닌다고 했다. 다른 아이들은 많이 다니는데 왜 안 다니냐고 물었더니 그 아이 대답이 이랬다.

"저도 잠깐 다녀 봤는데, 학원 때문에 시간 사용도 어렵고 저하고 잘 안 맞더라고요. 지금은 학원 끊고 인강(인터넷 강의)으로 공부해요. 인강이 저한테 훨씬 잘 맞는 것 같아요."

이 아이는 일찍부터 자신에게 맞는 공부법을 찾은 셈이다. 수학 학원을 꼭 다녀야 한다는 고정 관념은 버려야 한다. 내 아이의 공부 습관, 기질, 여건, 수학 실력 등을 감안하여 수학 학원을 활용하는 것이 좋다.

무엇보다 아이가 4학년이 되었다면 수학 학원을 고민하기 전에 현재 자녀가 스스로 공부할 수 있는 능력을 갖고 있는지부터 점검해야 한다. 혼자 책상에 앉아서 문제집 두 장 정도는 집중력 있게 풀 수 있는지 먼저 따져 보자. 능력에 따라 정도의 차이는 있겠지만 일반적으로 문제집 두 장을 푸는 데 약 30분 정도의 집중력이 필요하다. 만약 이런 능력이 갖춰져 있지 않은데 학원을 알아보고 있다면 순서가 바뀌었다고 말하고 싶다. 학원을 다니다 보면 자기 주도 학습 능력을 기를 기회가 부족해질 수밖에 없기 때문이다.

학원을 다니면 수학을 더 잘할 것 같지만 꼭 그렇지 않다. 수학은 스스로 머리를 쥐어뜯어 가면서 문제를 풀어 본 시간과 경험이 쌓여 잘하게 된다. 앞에서 소개한 4학년 아이의 "수학은 어렵기도 하지만 오랜 고민 끝에 문제의 답을 알아내면 기분이 좋다."라는 말에서 힌트를 얻을 수 있다. 스스로 고민하여 문제의 답을 알아냈을 때 얻는 쾌감이 수학을 잘하게 되는 진짜 비결이다. 이를 위해 자기 주도 학습 능력을 길러야 한다. 수학에서 스스로 사고하지 못하는 것만큼 큰 약점은 없다.

4학년 때 꼭 알아야 하는
용어와 기호

4학년 부모님들과 상담하다 보면 "선생님, 4학년부터 수학이 어려워지다고 하던데 어떻게 해야 하나요?"와 같은 말을 많이 듣게 된다. "4학년 수학이 어려워진다고 하던가요?"라고 반문하면 "다들 그렇게 얘기하더라고요……." 하면서 말끝을 흐린다.

많은 부모들이 저학년과 고학년을 이분법적으로 나눠 놓고 고학년이 시작되는 4학년부터는 수학이 어려워진다는 두려움에 휩싸여 있는 듯하다. 그리고 부모의 두려움은 곧 아이에게 전염된다. 아이들도 부모의 말만 듣고 4학년 수학에 대한 막연한 불안감을 가진다. 이러한 불안감은 공부하는 데 별 도움이 되지 않는다. 더구나 근거도 없는 풍문에 의한 두려움이라면 더욱 그러하다.

4학년 수학이 어려워진다는 괜한 소리에 심리적으로 동요를 일으킬 필요는 없다. 왜냐하면 사실이 아니기 때문이다. 아이들이 수학을 가장 어렵게 느끼는 학년은 5학년이며 실제로 이 시기에 가장 많은 수학 포기자가 속출한다. 아이에게 미리 겁줄 필요가 전혀 없는 것이다. 오히려 3학년 과정까지 무사히 잘 마쳤다면 어렵지 않게 지나갈 수 있는 학년이 바로 4학년이다. 풍문에 부모가 흔들리기 시작하면 아이는 더욱 겉잡을 수 없다. 4학년은 부모의 흔들리지 않는 중심 잡기가 어느 학년보다 필요한 시기이다.

4학년 수학에서 도형이 차지하는 비중은 굉장히 크다. 4학년 12개 단원 중 5개 단원이 직접적으로 도형과 연관이 있다. 중학교까지 이어지는 도형 학습의 기초를 다지는 시기다.

| 영역별 필수 용어와 기호 |

영역	내용
수와 연산	진분수, 가분수, 자연수, 대분수
도형	도형 밀기, 뒤집기, 돌리기, 이등변삼각형, 정삼각형, 예각, 둔각, 예각삼각형, 둔각삼각형, 수직, 수선, 평행, 평행선, 사다리꼴, 평행사변형, 마름모, 대각선, 다각형, 정다각형
측정	도(°)
자료와 가능성	막대그래프, 꺾은선그래프

다음은 초등학교 도형 영역에서 꼭 이해해야 하는 개념들이다.

🔍 처음과 끝으로 구분하는 선분과 직선

선은 크게 '굽은 선'과 '곧은 선'으로 나뉜다. 곧은 선은 다시 선분과 직선, 반직선으로 나뉘는데 이에 대한 개념을 아래와 같이 정리해서 기억하면 좋다.

| 선분과 직선의 정의 |

종류	정의	선 모양	처음과 끝
선분	두 점을 곧게 이은 선	●————————●	처음과 끝이 있다.(양쪽의 끝점들이 처음과 끝이다.)
직선	선분을 양쪽으로 끝없이 늘인 곧은 선	○————————○	처음과 끝이 없다.(다만 지면적인 제약 때문에 선분과 같아 보인다.)
반직선	한 점에서 시작하여 한쪽으로 끝없이 늘인 곧은 선	●————————○	시작은 있지만 끝은 없다.

🔍 도형의 기본 '삼각형과 사각형'

평면도형에서 가장 기본으로 배우는 도형은 삼각형과 사각형이다. 이에 대한 개념은 2학년 때 배우지만, 종류와 성질에 대해서는 4학년 때 집중적으로 배운다. 매우 정확하게 알고 꼭 암기해야 한다.

도형	정의	모양의 예
삼각형	세 개의 선분으로 둘러싸인 도형	
사각형	네 개의 선분으로 둘러싸인 도형	

각도와 길이에 따라 달라지는 삼각형의 종류

아이들에게 정삼각형이나 이등변삼각형의 개념을 물으면 곧잘 대답한다. 하지만 직각삼각형, 예각삼각형, 둔각삼각형의 개념을 물으면 부정확하게 대답하거나 우물거리는 경우가 많다. 그만큼 쉬워 보이지만 정확한 개념을 모르면 자주 틀리는 내용이다.

| 삼각형의 종류와 정의 |

삼각형 종류	정의	예시 모양
정삼각형	세 변의 길이가 같은 삼각형	
이등변삼각형	두 변의 길이가 같은 삼각형	
직각삼각형	한 각이 직각인 삼각형	
예각삼각형	세 각이 모두 예각인 삼각형	
둔각삼각형	한 각이 둔각인 삼각형	

🔍 헷갈리기 쉬운 사각형 종류

아이들이 정사각형이나 직사각형에 대해서는 대체로 잘 이해한다. 하지만 마름모, 사다리꼴, 평행사변형은 혼란스러워하며 구분을 잘 못하는 경우가 많다.

| 사각형의 종류와 정의 |

사각형 종류	정의	예시 모양
직사각형	네 각이 모두 직각인 사각형	
정사각형	네 각과 네 변의 길이가 모두 같은 사각형	
사다리꼴	마주 보는 한 쌍의 변이 서로 평행인 사각형	

평행사변형	마주 보는 두 쌍의 변이 서로 평행인 사각형	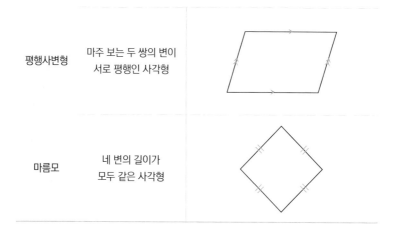
마름모	네 변의 길이가 모두 같은 사각형	

각 사각형의 포함 관계를 다음처럼 기억해 두면 사각형을 공부하는 데 도움을 받을 수 있다.

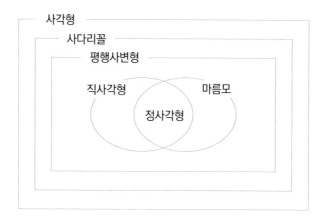

4학년 수학에서
약점이 되기 쉬운 단원

🔍 미리 살펴보는 4학년 단원 구성

4학년 때 가장 중요하게 다루는 내용은 이미 설명한 바와 같이 도형

| 4학년 교과 과정 |

구분		1학기	2학기
4학년 수학	1단원	큰 수	분수의 덧셈과 뺄셈
	2단원	각도	삼각형
	3단원	곱셈과 나눗셈	소수의 덧셈과 뺄셈
	4단원	평면도형의 이동	사각형
	5단원	막대그래프	꺾은선그래프
	6단원	규칙 찾기	다각형

이다. 아이들 중에 연산은 잘하면서도 도형 영역은 어려워하는 아이들이 있는데 이런 아이들은 4학년 때 학습 구멍이 생길 수 있다. 도형 영역을 학습하는 가장 좋은 방법은 교과서를 반복해서 읽은 뒤 도형을 직접 만들거나 그려 보는 것이다.

평면도형의 이동(1학기 4단원)

구체물이나 평면도형의 밀기, 뒤집기, 돌리기 활동을 통해 그 변화를 알아보는 단원이다. 5학년 때 배우는 '합동과 대칭'을 이해하기 위한 몸풀기 성격이 강하다. 아이들은 위치만 변하는 도형의 밀기는 잘 이해한다. 하지만 모양이 변하는 뒤집기와 돌리기는 매우 어려워한다. 특히 공감각의 발달이 더딘 아이들은 아주 애를 먹는다. 도형을 돌려 보라고 하면 자리에서 일어나서 자신의 몸을 돌리는 아이들도 심심찮게 목격한다. 4학년 아이들에게 뒤집기와 돌리기는 생각만큼 쉽지 않다. 실제 구체물이나 도형을 만들어서 뒤집어 보고 돌려 보는 활동을 많이 해볼 수 있도록 도와야 한다.

🔍 삼각형(2학기 2단원), 사각형(2학기 4단원)

초등학교 노형 영역에서 가장 중요하게 다루는 도형은 삼각형과 사각형이다. 모든 다각형의 출발이자 기본이 되는 도형이기 때문이다. 6년 동안 삼각형과 사각형의 기본 개념을 배운 뒤 종류를 알아보고 넓이를 구하면서 초등학교 과정의 도형 학습을 마무리한다.

반복적으로 강조하지만, 삼각형과 사각형의 개념을 철저히 이해한 뒤에는 꼭 암기해야 한다. 암기하지 않으면 마름모(네 변의 길이가 모두 같은 사각형)를 '마른 사각형'이라고 하거나 다각형(선분으로만 둘러싸인 도형)을 '각이 많은 도형'이라고 천연덕스럽게 답한다.

🔍 분수의 덧셈과 뺄셈(2학기 1단원), 소수의 덧셈과 뺄셈(2학기 3단원)

3학년까지 자연수를 얼추 다 마치고 나면 4학년부터는 본격적으로 분수와 소수를 배우기 시작한다. 분수와 소수의 개념을 익힌 후에 분수와 소수의 덧셈과 뺄셈을 배우는데, 소수의 덧셈과 뺄셈은 아이들이 비교적 쉽게 받아들인다. 계산 원리가 자연수와 같기 때문이다. 하지만 분수의 덧셈과 뺄셈은 대단히 어려워한다. 다행히 4학년 때는 분모가 같은 분수의 덧셈과 뺄셈만을 다루기 때문에 괜찮지만 분모가 서로 다른 분수의 덧셈과 뺄셈을 다루게 되는 5학년이 되면 아이들에게 수학은 마의 고지와 다름없는 존재가 된다. 따라서 4학년 때 분수의 덧셈과 뺄셈을 철저히 익히고 다진 뒤 올라가야 한다.

| 4학년 영역별 내용 |

영역	내용
수와 연산	• 다섯 자리 이상의 수(백만, 천만, 억, 조 단위의 이해) ★ ★ ★ • 여러 가지 분수 (진분수, 대분수를 가분수로 고치기, 가분수를 진분수로 고치기) ★ ★ • 분모가 같은 분수의 덧셈과 뺄셈 ★ ★ ★ • 소수 세 자리 수의 이해 ★ ★ ★ • 분수, 소수의 크기 비교(소수 사이의 관계 알기) ★ ★ ★ • 소수의 덧셈과 뺄셈 ★ ★
도형	• 각(예각, 둔각 알기)과 여러 가지 삼각형(예각삼각형, 둔각삼각형, 이등변삼각형, 정삼각형의 이해) ★ ★ ★ ★ • 삼각형과 사각형에서 내각의 크기 ★ ★ ★ • 여러 가지 사각형(사다리꼴, 평행사변형, 마름모, 정사각형의 이해) ★ ★ ★ ★ • 간단한 다각형과 정다각형 ★ ★ ★
측정	• 각도(각도 재기, 각도 그리기, 각도의 어림과 차) ★ ★ ★ ★
규칙성	• 다양한 변화의 규칙을 수로 나타내고 설명하기 ★ ★ ★ • 계산 결과 규칙을 찾고 계산 결과 추측하기 ★ ★ ★
자료와 가능성	• 자료를 수집하여 막대그래프나 꺾은선그래프로 나타내기 ★ ★ ★ • 자료를 목적에 맞는 그래프로 나타내기 ★ ★ ★ ★

05

초등 수학의 빙하기,
5학년 수학

| 5학년
수학 약점 | -분수의 사칙연산 그림으로 나타내기
-약수와 배수
-약분과 통분
-다각형의 둘레와 넓이
-점대칭도형 |

"수학은 5학년 공부의 시작이자
마지막이다"

졸업하는 6학년 아이들에게 초등학교 때 공부하기 가장 힘들었던 학년을 물으면 십중팔구 5학년이라고 답한다. 힘들었던 이유를 물으면 마치 아이들끼리 짠 듯 입을 모아 수학 때문이라고 외친다. 아이들이 이렇게도 5학년 수학이 힘들다고 하는 것은 왜일까? 이유는 간단하다. 실제로 5학년 수학이 가장 어렵기 때문이다.

통계 조사를 살펴보면 수학 과목은 대학교 입학 전까지 네 번에 걸친 수학 빙하기를 거친다고 한다. 초등학교 5학년, 중2, 고1, 고2가 바로 그 시기인데 이 무렵 많은 아이들이 수학의 벽을 결국 넘지 못하고 수학을 포기한 상태로 수능장으로 향한다. 그렇게 수능을 보는 학생 중 10퍼센트도 채 안 되는 학생만이 수학 점수를 기대한다고 한다.

이 시기들이 수학의 거름 장치 역할을 하는 이유는 그 학년마다 특별히 어려운 내용이 등장하기 때문이다. 초등학교 5학년 수학이 1차 빙하기 역할을 하는 것은 분수 때문이다. 5학년은 분수를 집중적으로 배우기 때문에 이전 학년에서 배우던 수학과는 사뭇 다르다.

개정 전 교육 과정에서는 5학년 수학 교과서가 분수 내용으로 도배되다시피 했다. 거의 절반 이상이 분수와 직간접적으로 연관된 내용이었다. 그러다 보니 5학년 때 학습 부담을 호소하며 수학을 포기하는 아이들이 속출했다. 이런 사정을 감안하여 개정된 교육 과정에서는 분수 내용을 4학년과 6학년에 분산시켰다. 그럼에도 불구하고 총 12개 단원 중에서 5개 단원이 분수 혹은 소수(분수와 소수는 명칭만 다를 뿐 같은 유리수로 분류되고 배우는 과정에서도 같이 한다.)와 관련된 내용이다.

물론 아이들이 11~12세가 되면 형식적 조작기(논리적 추론이 가능해지는 발달 단계)에 들어서므로 분수와 소수를 충분히 이해하고 받아들일 수 있다. 하지만 여전히 구체적 조작기에 머물러 있는 아이들도 상당히 많다. 이런 아이들에게 분수와 소수는 매우 추상적이며 외계인이 쓰는 숫자처럼 보일 뿐이다.

따라서 5학년 때는 다른 과목보다 수학 과목에 집중해서 공부할 수 있도록 도와야 한다. 만약 이 시기를 놓친다면 이후 수포자가 되어 중고등학교에서 뒤처지게 된다. 현실적으로 수학을 포기하고 좋은 대학에 들어갈 수 없다는 것을 부모들이 더 잘 알고 있을 것이다. 수학은 5학년 공부의 시작이자 마지막이다.

칭찬과 격려가
절실한 5학년

아이들을 가르칠수록 점점 더 많이 느끼는 것이지만 칭찬만 한 묘약은 찾기 힘들다. 시기적절한 칭찬 한마디는 아이의 인생도 바꾸는 힘이 있다. 특히 힘들고 지칠 때일수록 부모나 선생님의 칭찬과 격려는 더욱 큰 힘이 된다.

5학년 아이들도 마찬가지이다. 아이는 너무 어려워서 힘들어 죽겠는데, 부모가 격려는커녕 잔소리만 늘어놓는다면 좌절에 빠질 수밖에 없다. 5학년 아이들에게 평소 집에서 자주 듣는 칭찬과 꾸중의 말을 적어 보라고 했더니 다음과 같이 답했다.

● 많이 듣는 칭찬의 말

"잘했다." "장하다. 우리 아들(딸)." "너는 꼭 꿈을 이룰 수 있을 거야." "시험 잘 봤네. 앞으로 이렇게만 해라." "넌 할 수 있어, 사랑해."
"우리 딸(아들)이 매우 자랑스러워." "아이고, 대견해라."

● 많이 듣는 꾸중의 말

"왜 그렇게 말대꾸를 많이 하니?" "넌 머리에 뭐가 들었니?" "공부
도 게임처럼 해봐라." "들어가서 공부해라." "숙제 좀 해라." "말할 때
끼어들지 좀 마라." "엄마가 너를 잘못 키운 것 같다." "누구누구는 잘
하는데, 너는 이게 뭐니?" "정리 좀 해라. 맨날 물건을 어디다 잃어버
리는 거야." "이렇게 해서는 중학교에 가서 밑바닥을 기겠구나." "자
알~ 한다." "항상 놀기만 해서 어쩌자는 거니." "내가 그렇게 될 줄 알
았다." "바보 천치니?" "TV 좀 그만 봐라. 커서 뭐 될래?" "누나 좀 봐
라." "이렇게 할 거면 공장에서 일이나 해라."

가장 큰 특징은 칭찬의 말은 굉장히 짧고 단순한 반면, 꾸중의 말은
매우 다양하고 구체적이라는 것이다. 많은 아이들이 공통적으로 자신
의 부모는 칭찬에 너무 인색하다고 말한다. 바뀌어야 한다. 꾸중은 줄
이고 사소한 일도 칭찬해야 한다. 칭찬할 때는 구체적이고 다양하게
해야 하며, 꾸중은 단순하고 짧게 해야 한다. 아이들이 클수록 이와 같
은 칭찬과 꾸중의 원칙을 잘 지켜야 한다.

5학년 정도 되면 아이들은 어렸을 때와 달리 자신의 생각을 잘 드러
내지 않는다. 공부에 대한 걱정은 더욱 숨기기 마련인데, 부모의 생각

이상으로 아이들은 많은 걱정을 하고 있다. 특히 5학년 수학은 초등 수학에서 가장 어려운 과정인 만큼 아이들이 느끼는 심리적 압박감이 엄청나다. 아이가 내색하지 않아도 그 마음을 먼저 헤아려 격려해 줘야 한다.

"많이 힘들지? 어려운 게 당연한 거야. 엄마 아빠는 네가 포기하지 않고 열심히 해줘서 너무 고마워."

"힘내. 너는 잘할 수 있어. 이 시기만 잘 극복하면 수학이 더 재미있어질 거야."

조금 더 잘했으면 하는 바람에 오늘 하루 아이를 너무 몰아붙인 것 같다면 내일부터라도 아이에게 따뜻한 말 한마디를 건네 보자.

경시대회에 도전하여
아이의 세계를 넓혀 줘라

　수학을 잘하는 아이들에게는 공통적인 특징이 있는데, 바로 도전 정
신과 경쟁심이 강하다는 것이다. 이런 아이들은 우물 안 개구리 식의
공부보다는 시야를 넓게 가질 필요가 있다.

　반에서 수학 성적이 최상위권을 유지한다면 외부 수학 경시대회 등
에 나가 볼 것을 권한다. 아이가 스스로 자신의 실력을 평가해 보는 기회
인 동시에 신선한 자극이 된다. 인기 있는 시험의 경우 응시생만 10만 명
이 넘는다. 실로 어마어마한 수의 아이들이 수학 경시대회에 매달리고
있는 셈이다. 물론 부모의 강요로 인해 수학 실력이 썩 좋지 않음에도
외부 수학 경시대회에 참가하는 아이들도 있다. 이런 경우에는 대회
들러리로 전락하기 쉬우며 오히려 수학에 대한 자신감만 잃게 된다.
수학 경시대회에 나가 더 넓은 세상을 보고 수학에 대한 견문도 넓히려

던 것이 오히려 역효과가 나는 것이다. 하지만 수학을 잘하는 아이들에게는 좋은 약으로 작용하는 경우가 많다. 실력을 한 단계 성장시키는 계기가 된다.

현재 외부 수학 경시대회는 대략 20여 개에 이른다. 확인되지 않은 수학 경시대회까지 합치면 그 수가 엄청나다. 그 수많은 대회 중에서도 다음 수학 경시대회들을 추천한다.

| 추천하는 외부 수학 경시대회 |

대회명	과목	참가 대상	주관 및 시행
고려대학교 전국 수학학력평가시험	수학	초1~중2	고려대학교
한국수학올림피아드(KMO)	수학	중등~고등 (초등학생도 중등부로 응시 가능)	대한수학회
전국 영어수학 학력경시대회	수학 영어	수학 : 초1~고2 영어 : 초3~고2	글로벌 영재학회
한국수학학력평가(KMA)	수학	초1~중3	한국학력평가연구원
한국수학경시대회(KMC)	수학	초3~고3	한국수학교육평가원
연세대학교 창의수학 경진대회	수학	초1~중3	연세대학교 미래교육원
전국 초중 영어수학 학력평가	영어 수학	초1~중등	하늘교육
HME 해법수학 학력평가	수학	초1~중3	천재교육

5학년은 선행 학습이 필수일까?

"너 지금 수학 어디 하냐?"

"중1 하고 있는데, 너는?"

"나는 중2."

고학년 아이들의 대화를 듣다 보면 이런 이야기들이 심심치 않게 오간다. 서로 누가 더 많이 선행 학습을 하고 있는지 비교하는 것이다. 그리고 선행 학습을 많이 할수록 수학을 잘한다고 착각하여 자랑한다. 부모 역시 선행 학습을 당연한 것으로 여기고 하지 않으면 뒤처진다고 생각한다.

이는 선행 학습을 부추기는 학원 때문이다. 학원은 선행 학습이 필수이며 선행을 하지 않으면 나중에 반드시 후회하게 된다고 강조한다. 하지만 지나친 선행 학습은 여러 가지 문제점을 안고 있다.

그중 하나가 바로 아이를 수학의 구경꾼으로 전락시킨다는 것이다. 학원을 오래 다닌 아이들은 대부분 어려운 수학 문제를 풀기 귀찮아하고 싫어한다. 조금 하다가 안 풀리면 이내 포기해 버린다. 그리고 선생님한테 빨리 풀어 달라고 떼를 쓴다. 문제를 처음부터 끝까지 매우 쉽게 설명해 주는 학원식 공부 방식에 젖어 있기 때문이다. 수학은 자기가 직접 문제를 풀수록 실력이 느는 것이지 푸는 것을 구경한다고 해서 실력이 느는 것이 아니다. 그저 안다고, 자기도 풀 수 있다고 착각하는 것뿐이다.

또 다른 문제점은 잘못된 수학 공부 방식을 터득하게 된다는 것이다. 수학적 능력이 정말 탁월한 아이들은 당연히 선행 학습을 해야 한다. 이런 아이들은 반에서 많아야 5명 정도로, 대부분의 아이들은 자기 학년의 내용도 버거워한다. 이런 상황에서 자기 수준에 맞지 않는 선행 학습을 하게 되면 아이들은 개념 원리를 이해하는 공부 방식이 아니라 문제 유형별 풀이법을 암기하는 식으로 공부한다. 아이들은 기본적으로 개념이나 원리가 이해되지 않으면 암기하려고 하는 습성이 있기 때문이다.

지나친 선행 학습의 세 번째 문제는 선행이나 (진도를 빨리 나가는) 속진 학습은 수학적 지식 체계에 맞지 않는다는 것이다. 수학적 지식 체계는 기본적으로 피라미드 구조이다. 즉 기초 학습에 해당하는 기본 이론들을 다양한 반복 훈련을 통해 오랜 시간을 두고 연습하도록 구성되어 있다. 심화 학습은 기초 학습 위에 문제 해결 능력과 집중력, 논리력 등이 충분히 쌓이고 난 후에 제공되어야 한다. 하지만 선행 학습이나 속진 학습은 이런 피라미드 구조를 형성하기 어렵게 하며 수직 구조를 이룬다. 수학적 지식 체계가 수직 구조인 아이들은 기초 연산이 약하거나 심화 문제와 응용 문제에서 쉽게 무너지는 모습을 보인다. 수직 구조는 빨리 쌓을 수는 있지만 높이 쌓을 수는 없다. 하지만 피라미드 구조는 쌓는 데 시간은 오래 걸리지만 견고하며 높게 쌓을 수 있다.

마지막으로 선행 학습은 학교 수업에 집중하지 못하게 한다는 문제가 있다. 아이들마다 조금씩 다르기는 하지만 선행 학습을 한 아이들은 수업 시간에 산만한 경우가 많다. 이미 알고 있다고 착각하기 때문에 선생님의 설명을 좀처럼 들으려고 하지 않는다. 수학의 속성상 이미 공식의 결과와 상위 단계의 개념을 알고 나면 공식 유도 과정이나 하위 단계 개념이 싱겁게 느껴져 흥미가 떨어진다. 이렇다 보니 선행 학습을 하는 아이들은 자칫 수업 중에 산만한 모습을 보여 담임 교사와 관계가 좋지 않을 수 있다.

수학은 아이의 실력과 발달 과정에 맞는 학습을 무엇보다 우선해야 한다. 아이가 따라가지 못하는 선행 학습은 제대로 걷지도 못하는 아이에게 뛰라고 하는 것과 같다. 조급하다고 꽃봉오리를 찢는 우를 범하지 말아야 한다.

5학년 때 꼭 알아야 하는
용어와 기호

| 영역별 필수 용어와 기호 |

영역	내용
수와 연산	배수, 약수, 공약수, 최대공약수, 공배수, 최소공배수, 약분, 통분, 기약분수
도형	합동, 대응점, 대응변, 대응각, 대칭, 선대칭도형, 점대칭도형, 대칭축, 대칭의 중심
측정	이상, 이하, 미만, 초과, 올림, 버림, 반올림, 가로, 세로, 높이, 밑변
자료와 가능성	평균, 가능성

🔍 분수의 의미

분수는 크게 네 가지의 의미를 지니고 있다. 즉 등분할 분수, 양의 분수, 비율의 분수, 몫의 분수가 그것이다. 이 중에서 등분할 분수와 양의 분수는 아이들이 쉽게 받아들이지만 비율의 분수는 잘 이해하지 못하는 경우가 많으므로 각별한 주의가 필요하다.

| 분수의 의미와 개념 |

분수의 의미	개념 설명
등분할 분수	등분할 분수는 흔히 분수를 가장 처음 배울 때 접하는 개념이다. 전체 중 부분을 나타내는 데 쓰인다. 사과의 $\frac{1}{2}$은 사과를 2등분 한 것 중 1을 의미하고, 띠종이의 $\frac{3}{5}$은 띠종이를 5등분 한 것 중 3을 의미한다.
양의 분수	양의 분수는 $\frac{2}{3}$cm, $\frac{1}{4}$mL처럼 양의 크기를 나타내는 분수이다. 이 개념은 크게 중요시되지 않는 데다 등분할 분수 개념과 크게 다르지 않기 때문에 별도로 구분하지 않기도 한다.
비율의 분수	비율의 분수 개념은 6학년 때 등장하며 비교할 때 사용하는 개념이다. 예를 들어 석윤이와 태희가 우유를 마셨는데 태희가 마신 우유의 양은 석윤이의 $\frac{3}{4}$이었다고 해보자. 여기에서 태희가 마신 $\frac{3}{4}$은 우유 한 팩의 $\frac{3}{4}$이 아니라 석윤이가 마신 양을 1($\frac{4}{4}$)로 보았을 때 $\frac{3}{4}$을 마셨다는 이야기이다. 따라서 이때 $\frac{3}{4}$은 기준량(석윤이가 마신 우유량) 4에 대한 3의 비의 값을 나타낸 것이다. 이와 같은 경우에 사용하는 분수를 비율의 분수라고 한다.
몫의 분수	몫의 분수 개념은 분수의 마지막 귀착점 같은 개념이다. 나눗셈의 몫을 나타내는 분수로, 1÷3= $\frac{1}{3}$, 3÷4= $\frac{3}{4}$ 처럼 사용한다. 즉 분수 $\frac{3}{4}$은 3÷4의 몫을 나타낸다.

🔍 분수의 사칙연산

5학년쯤 되면 자연수의 사칙연산을 어려워하는 아이는 별로 없다. 내용을 받아들이는 데 힘들어하는 아이도 없다. 문제가 있다면 '풀이 속도'이다. 하지만 분수는 다르다. 분수의 사칙연산은 개념 이해에서 부터 아이들이 어려워한다. 그 이유는 계산 과정을 정확히 이해하기 쉽지 않기 때문이다. 계산 과정을 그림으로 나타낼 수 있어야 개념을 정확히 이해했다고 볼 수 있다.

▶ 분수의 덧셈

분수의 덧셈은 다음과 같이 그림으로 설명할 수 있어야 한다.

분수의 덧셈 과정	분수의 덧셈 예시	분수의 덧셈 그림으로 설명
1단계: 통분 (분모를 같게 하는 것)	$\dfrac{2}{3} + \dfrac{2}{5}$ $= \dfrac{2 \times 5}{3 \times 5} + \dfrac{2 \times 3}{5 \times 3}$ $= \dfrac{10}{15} + \dfrac{6}{15}$	

2단계: 분자끼리 더한다.

$$\frac{10}{15} + \frac{6}{15}$$

$$= \frac{10+6}{15} = \frac{16}{15}$$

3단계: 결과를 약분하여 기약분수로 고친다. 가분수일 경우에는 대분수로 고친다.

$$\frac{10}{15} + \frac{6}{15}$$

$$= \frac{10+6}{15} = \frac{16}{15}$$

$$= 1\frac{1}{15}$$

4단계: 검산한다.

연산 과정에 틀린 곳이 없는지 검토한다.

▶ **분수의 뺄셈**

분수의 뺄셈은 다음과 같이 그림으로 설명할 수 있어야 한다.

분수의 뺄셈 과정	분수의 뺄셈 예시	분수의 뺄셈 그림으로 설명
1단계: 통분	$\dfrac{2}{3} - \dfrac{2}{5}$ $= \dfrac{2 \times 5}{3 \times 5} - \dfrac{2 \times 3}{5 \times 3}$ $= \dfrac{10}{15} - \dfrac{6}{15}$	
2단계: 분자끼리 뺀다.	$\dfrac{10}{15} - \dfrac{6}{15}$ $= \dfrac{10 - 6}{15} = \dfrac{4}{15}$	
3단계: 결과를 약분하여 기약분수로 고친다. 가분수일 경우에는 대분수로 고친다.	$\dfrac{4}{15}$라는 결과는 기약분수이므로 더 이상 고칠 필요 없다.	
4단계: 검산한다.	연산 과정에 틀린 곳이 없는지 검토한다.	

▶ 분수의 곱셈과 나눗셈

자연수는 덧셈과 뺄셈보다 곱셈과 나눗셈이 훨씬 복잡하다. 하지만 분수는 그 반대이다. 아이들은 분수의 곱셈과 나눗셈을 곧잘 한다. 문제는 분수의 덧셈과 뺄셈의 계산 과정이다. 분수의 덧셈이나 뺄셈은 통분이나 약분과 같은 복잡한 과정을 거쳐야 하기 때문이다. 분수의 사칙연산을 제대로 마스터하려면 계산 과정을 그림으로 설명할 수 있어야 한다.

예를 들어 $\frac{3}{4} \times \frac{2}{3}$ 의 의미는 '$\frac{3}{4}$의 $\frac{2}{3}$배를 구하라는 의미이다. 따라서 그림으로 나타내면 다음과 같이 설명할 수 있다.

$$\frac{3}{4} \qquad \frac{3}{4}의 \frac{2}{3}배는 \qquad \frac{6}{12}$$

이처럼 분수의 곱셈 과정을 그림으로 살펴보면 $\frac{3}{4} \times \frac{2}{3} = \frac{6}{12}$이 됨을 직관적으로 알 수 있다.

나눗셈도 마찬가지이다. $\frac{2}{3} \div 5$를 예로 들어보자. $\frac{2}{3} \div 5$라는 식의 의미는 $\frac{2}{3}$를 5등분 하라는 의미이다. 따라서 다음 그림과 같이 생각할 수 있다.

$\frac{2}{3}$ $\frac{2}{3}$의 5등분은 $\frac{2}{15}$

언뜻 분수의 사칙연산을 그림으로 설명하는 것이 간단해 보이지만, 사실 쉽지 않다. 그림으로 계산 과정을 설명할 수 있으려면 분수와 사칙연산에 대해 완벽하게 이해하고 있어야 하기 때문이다. 하지만 대부분의 아이들이 계산 원리만 익혀서 문제를 푼다. 아이가 충분히 분수의 연산 개념을 익힐 수 있도록 계산 과정을 그림으로 그려 설명해 보도록 유도해야 한다.

5학년 수학에서
약점이 되기 쉬운 단원

5학년은 분수가 완성되는 학년으로 초등 수학에서 가장 중요하다.

| 5학년 교과 과정 |

구분		1학기	2학기
5학년 수학	1단원	자연수의 혼합 계산	수의 범위와 어림하기
	2단원	약수와 배수	분수의 곱셈
	3단원	규칙과 대응	합동과 대칭
	4단원	약분과 통분	소수의 곱셈
	5단원	분수의 덧셈과 뺄셈	직육면체
	6단원	다각형의 둘레와 넓이	평균과 가능성

분수와 직간접적으로 연관된 단원이 절반에 가깝다. 이 시기에 분수를 잡지 못할 경우 학년이 올라갈수록 수학을 포기하게 된다. '규칙과 대응' 단원은 어려운 내용은 아니지만, 이후에 배울 함수와 방정식의 기초를 다루고 있어 세심하게 접근하고 다져야 한다.

자연수의 혼합 계산(1학기 1단원)

교육 과정이 개정되기 전에는 4학년에 배치되었던 내용이다. 자연수를 대상으로 하기 때문에 별로 어렵지 않게 배울 수 있다. 혼합 계산을 배울 때는 다른 것보다 계산 원리를 충분히 숙지하는 것이 중요하다. 즉 괄호를 먼저 풀고, 그다음 곱셈과 나눗셈을 한 뒤 덧셈과 뺄셈 순으로 계산한다는 원리를 익혀야 한다. 이 원리만 알면 계산 과정이 귀찮게 느껴질 수는 있지만, 내용은 어렵지 않게 넘어갈 수 있다.

분수의 덧셈과 뺄셈(1학기 5단원)

분수의 곱셈과 나눗셈은 대단히 쉽지만, 분수의 덧셈과 뺄셈은 연산 과정이 복잡하다. 분수의 덧셈과 뺄셈을 완전히 이해하기 위해서는 이전에 배웠던 분수의 개념부터 시작해 약수와 배수, 약분과 통분의 개

념까지 다 알고 있어야 한다. 만약 아이가 분수의 덧셈과 뺄셈 과정을
정확히 이해하고 그림으로 온전히 설명할 수 있다면 충분하다.

○ 다각형의 둘레와 넓이(1학기 6단원)

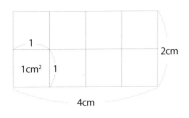

이 단원에서는 넓이에 대한 이
해가 가장 중요하다. 예를 들어 가
로가 4cm이고 세로가 2cm인 직사
각형의 넓이는 8cm²다. 1cm² 가 8번
들어가기 때문에 8이 된다. 이처
럼 도형의 넓이를 배울 때는 그 공식이 나온 과정까지 알아야 한다. 우
리는 흔히 넓이를 구하라고 하면 공식을 먼저 떠올린다. 그리고 공식은
암기해야 한다고 생각한다. 하지만 과정을 이해하지 않고 암기한 공식
은 무용지물이 되기 쉽고 유효기간도 그리 길지 않다. 이 책을 읽고 있
는 독자들 중에 과연 사다리꼴 넓이 구하는 공식을 알고 있는 사람이 얼
마나 될까? 필자도 매번 헷갈린다. 하지만 1분도 안 돼서 알아낼 수 있
다. 왜냐하면 사다리꼴 넓이 공식이 어떤 과정을 통해 나왔는지 그 원
리를 알기 때문이다. 공식 그 자체도 중요하지만, 공식이 나온 과정이
더욱 중요하다는 것을 강조하고 싶다. 교과서에 공식 유도 과정이 잘
소개되어 있으므로 아이가 꼭 숙지할 수 있도록 챙겨야 한다.

🔍 합동과 대칭(2학기 3단원)

　모양과 크기가 같아서 포개었을 때 완전히 겹치는 두 도형을 서로 '합동'이라고 한다. 대부분의 아이들이 합동의 개념은 잘 이해한다. 하지만 '대칭'은 잘 이해하지 못한다. 그나마 선대칭도형은 잘 이해하지만 점대칭도형은 많이 어려워한다. 선대칭도형과 점대칭도형을 완전히 이해하기 위해서는 많이 작도해 보아야 한다. 작도하다 보면 자연스럽게 난해하게 여겨졌던 대칭축, 대칭의 중심, 대응점, 대응변, 대응각을 이해하게 된다.

| 5학년 영역별 내용 |

영 역	내 용
도형	• 합동(합동의 의미 알고 그려 보기) ★★★★ • 대칭(선대칭과 점대칭 의미 알고 그려 보기) ★★★★★
측정	• 어림하기(이상, 이하, 초과, 미만 알기) ★★★ • 어림값(올림, 버림, 반올림 알기) ★★★ • 평면도형의 둘레 ★★★ • 평면도형의 넓이(평행사변형, 삼각형, 사다리꼴, 마름모의 넓이 구하는 방법과 구하기) ★★★★★ • 넓이의 여러 가지 단위 이해와 상호 관계 이해하기 ★★★
규칙성	• 한 양이 변할 때 다른 양이 종속해서 변하는 대응 관계 ★★★
자료와 가능성	• 평균 구하기 ★★ • 가능성을 수나 말로 나타내기 ★★

06

중학교를 준비하는
6학년 수학

6학년 수학 약점	-비와 비율 -비례식과 비례배분 -분수의 나눗셈 원리

"최고의 진학 준비는
복습이다"

6학년은 최고 학년이기는 하지만 아이들이 수학에서 느끼는 학업적 충격은 그리 크지 않다. 내용 자체가 5학년에 비해 크게 어렵지 않기 때문이다. 현재 6학년 때 배우는 분수와 소수의 나눗셈은 예전에는 5학년에 있던 내용이고, 기존에 6학년에 있던 방정식과 함수는 모두 중학교로 옮겨 갔다. 결론적으로 6학년 수학이 과거보다 많이 쉬워졌다.

6학년 아이들은 상위권이나 하위권을 가리지 않고 중학교 수학을 공부하느라 바쁘다. 수학을 정말 잘하는 아이라면 큰 문제가 없겠지만 그렇지 않은 경우 학습의 악순환에 빠질 확률이 매우 높다. 실제로 아이들은 6학년 수학 내용도 버거워한다. 그런 아이들에게 중학교 수학을 가르치는 것은 영영 헤어 나오기 힘든 미궁 속으로 밀어 넣는 것과 비슷하다.

자녀가 정말 수학을 잘한다면 모르겠지만 그렇지 않은 경우라면 6학년 때 선행 학습에 매달리지 말기를 당부한다. 6학년 때는 중학교 선행 학습보다 초등 수학을 다지는 데 더욱 신경을 써야 한다. 기초가 튼튼

해야 건물을 높이 올릴 수 있듯이 수학도 기초를 탄탄하게 다져야 상위 수학으로 올라갈수록 좋은 성적을 기약할 수 있다.

특히 아이가 수학을 어려워하고 싫어한다면 이전 학년 내용을 충분히 습득하지 못했다는 뜻이므로 반드시 그 부분을 찾아 보강해 줘야 한다. 영어는 나중에라도 얼마든지 보충할 수 있지만 수학은 과목 특성상 한 번 시기를 놓치면 따라잡기 힘들다. 물론 중학교 진학을 앞둔 만큼 선행 학습을 하고자 하는 부모의 마음도 충분히 이해가 간다. 하지만 선행 학습보다는 초등 수학에서 놓치거나 약한 부분은 없는지 점검하고 다지는 것이 더 도움이 된다.

수학에 흥미를 불러일으킬
마지막 기회

　6학년을 지도해 보면 유독 활기가 넘치는 수업이 있다. 대부분 각기 둥이나 원기둥의 전개도를 그려서 만들어 보거나, 친구들이 좋아하는 음식 등을 조사해서 비율그래프 등을 그려 보는 시간이다. 이런 수업의 공통점은 바로 조작체험 활동은 흥미를 불러일으킨다. 쌓기나무로 여러 가지 모양을 만들어 보는 활동은 아이들이 가장 좋아하는 활동이다.

　6학년은 5학년 때보다 조작체험 활동이 필요한 내용이 많은데, 특히 도형과 측정 영역이 이에 해당한다. 이런 내용들은 반드시 조작체험을 해봐야 한다. 하지만 학교나 학원에서는 조작체험 활동이 잘 이루어지지 않는 경우가 많다. 시간이 많이 소요되기 때문에 그냥 설명으로 대체하는 것이다. 설사 조작체험 활동을 한다고 해도 시간 제약이 있어 충분히 활동하기 어렵다. 따라서 가정에서 이런 점을 감안하여 아이들을 도와주면 좋다.

6학년 때 이미 두뇌 능력이 거의 어른 수준에 도달하는 아이들도 있지만, 여전히 구체적 조작을 해야만 이해가 되는 아이들도 있다. 당연한 이야기겠지만, 이런 아이들에게는 단순히 문제 풀이식의 공부보다 교과서에 나오는 조작체험 활동을 해보는 것이 도움이 된다. 이러한 활동을 통해 그동안 멀리했던 수학에 대한 흥미를 다시 불러일으킬 수 있다.

방학을 활용해
초등 수학을 다져라

반복해서 말하지만, 만약 자녀의 수학 성적이 상위권이 아니라면 절대 선행 학습에 욕심을 부려서는 안 된다. 모두가 하는 선행 학습을 하지 말라니, 지금보다 성적이 더 떨어지면 어떡하나 하는 마음을 모르는 것은 아니다. 하지만 그럴수록 차근차근 다지기를 해야 한다.

6학년 여름방학은 5학년 내용을 다시 한번 복습할 수 있는 절호의 기회이다. 수학이 정말 바닥이 아닌 이상 대부분의 아이들은 5학년 수학에 정체되어 있다. 이 때문에 5학년 수학을 되짚어 보는 것은 대단히 효과적이다. 이때 문제집을 풀게 하기보다는 교과서로 공부시킬 것을 권한다. 개념과 원리를 과정 중심으로 어떤 문제집보다 자세하게 설명하고 있기 때문이다. 교과서를 하루에 세 장 정도만 공부해도 방학을 활용해 5학년 수학을 모두 복습할 수 있다. 선행 학습보다 수학 성적을 올리는 가장 확실하고 효과적인 방법이다.

6학년 겨울 방학 때는 6학년 수학 내용을 복습할 것을 권한다. 여름 방학 때와 마찬가지로 수학 교과서를 하루에 세 장 정도씩 풀면 겨울 방학을 이용해 충분히 마칠 수 있다. 여기까지 무사히 해냈다면, 이후 봄 방학을 활용해 중학교 1학년 수학 교과서를 읽어 보면 된다. 수학을 잘 못하는 아이들에게 이보다 좋은 방법은 없다. 수학 과목의 특성상 다지기만 탄탄하다면 어떤 내용을 배우게 되어도 어려움 없이 습득할 수 있기 때문이다. 수학은 속성이 아닌 숙성과 완성이 중요한 과목이다. 층층이 단계를 쌓아 올라가는 위계 과목으로써 각 단계를 완성하지 않고는 나아갈 수 없다. 따라서 수학은 복습이 최고의 공부법이다.

아이만의
수학 공부법을 찾아라

　수학을 잘하는 아이들과 그렇지 못한 아이들의 차이점 중 하나는 바로 자기만의 공부법이 있느냐이다. 수학 점수가 좋은 아이들을 보면 보통 한두 가지 정도 자기 나름의 독특한 공부법을 가지고 있다.

　6학년 아이 중에 수학 실력이 뛰어난 한 남자아이가 있었다. 그 아이는 학교에 오기 전 수학 문제를 10개씩 푸는 습관이 있었다. 아침에 수학 공부를 하면 좋다는 엄마의 신념으로 저학년 때부터 훈련을 해온 덕분에 생긴 습관이었다. 10개의 문제를 푸는 데 30분도 채 걸리지 않지만 매일 꾸준히 수학 공부를 해온 것이 우수한 수학 점수의 원인이었다.

　부모님이 가르쳐 주었든 스스로 찾아냈든 나름의 공부법을 터득한 아이는 중고등학교에 가서 매우 유리한 고지를 점령할 수 있다. 자기 주도 학습이 가능하기 때문에 진학을 해서도 월등한 실력을 자랑한다.

그렇지 못한 아이는 엄마나 선생님의 잔소리에 의해 마지 못해 공부하는 경우가 많기 때문에 아무리 오랜 시간 공부한다 해도 좋은 점수를 받지 못한다.

자녀가 공부하는 모습을 한번 살펴보길 바란다. 하루에 얼마나 공부하는지, 매일 꾸준히 잘하고 있는지, 그 방법이 우리 아이에게 잘 맞는지 등을 따져 볼 필요가 있다. 다른 아이들에게 효과적인 공부법일지라도 우리 아이의 성향에 따라 안 맞을 수도 있다. 또 그 반대의 경우도 얼마든지 있을 수 있다.

아이를 무릎에 앉혀 놓고 처음 수학 공부를 가르쳤다면 이제는 아이에게 맞는 공부법을 찾아 주는 것으로 손을 놓아야 할 때이다.

6학년 때 꼭
알아야 하는 용어와 기호

6학년 수학에서 아이들이 가장 어려워하는 영역은 규칙성이다. 비와 비율, 비례식과 비례배분 등의 내용을 매우 어려워한다. 비와 비율은 말이 비슷해서 구분하기도 어렵지만 아이들이 어려워하는 분수의 개념이기 때문에 개념 정립을 잘 해놓아야 한다.

| 영역별 필수 용어와 기호 |

영역	내용
도형	직육면체, 면, 모서리, 밑면, 옆면, 정육면체, 겨냥도, 전개도, 각기둥, 각뿔, 원기둥, 원뿔, 모선, 구
측정	가로, 세로, 밑변, 높이 겉넓이, 부피, 원주, 원주율
규칙성	비, 기준량, 비교하는 양, 비율, 백분율, 비례식, 비례배분, :, 퍼센트
자료와 가능성	띠그래프, 원그래프

🔍 둘 이상의 대상을 비교하는 비比

'비'는 한자로 '견주다' 또는 '비교한다'라는 의미가 있다. 그리고 이 말은 최소 두 개 이상의 대상이 있음을 나타낸다. 예를 들어 '나는 키가 작다.'라는 말은 '다른 사람과 비교해서 작다.'라는 의미이다. 이처럼 한 대상을 다른 대상과 비교하는 것에서 비의 개념은 출발한다.

'내 키와 친구 키를 비교해 보니 내 키가 더 크다.'라는 표현을 살펴보자. 내 키와 친구 키를 비교한 말이다. 그러면 여기서 기준은 내 키일까? 아니면 친구의 키일까? 내 키가 친구 키보다 크다고 하였으니 '기준은 친구 키가 되고, 내 키는 친구 키와 비교하는 '비교 대상'이 된다. 그리고 '내 키와 친구 키를 비교해 보니 내 키가 크다.'라는 말은 일상적으로 '내가 친구보다 크다.'라고 표현한다.

이 개념을 수학적으로 표현하면 '내 키 : 친구 키'가 된다. 이런 형태로 표현한 것을 비라고 하는데, 여기서 친구 키는 내 키를 비교하는 기준이므로 '기준량'이라고 부르고, 내 키는 친구 키와 비교했으므로 '비교하는 양'이 된다. 즉 '내 키(비교하는 양) : 친구 키(기준량)'인 것이다.

'내 키: 친구 키'는 '내 키 대 친구 키'라고 읽고, '친구 키에 대한 나의 키는 크다.'라는 의미를 가진다. 이 정도 개념을 이해할 수 있으면 교과서에 등장하는 비의 개념을 충분히 받아들일 수 있다.

🔍 비의 값 비율^{比率}

비를 이해했으면 비율은 쉽게 이해할 수 있다. 비율은 한마디로 '비의 값'이라고 할 수 있다. 그런데 아이들은 비의 값이란 말을 잘 이해하지 못한다. 이런 경우 더하기를 예로 들면 쉽게 이해를 도울 수 있다.

3 + 5라는 덧셈을 계산하면 3 + 5 = 8이다. 여기서 3 + 5는 덧셈이지만 8은 덧셈의 값이다. 이와 같은 이치로 3:5는 비이지만 이를 계산한 값인 $\frac{3}{5}$은 비의 값, 즉 비율이 된다. 이때 $\frac{3}{5}$은 분수의 여러 가지 개념 중에 '비율의 분수'에 해당한다.

교과서에서는 '기준량에 대한 비교하는 양의 크기'를 비율이라고 하고, '기준량을 1로 볼 때의 비율'을 비의 값이라고 구분해서 소개한다. 하지만 통상적으로는 구분하지 않고 사용한다. 왜냐하면 비율은 흔히 분수로 나타내기 때문이다.

🔍 상황과 목적에 따른 비율의 표현 방법

비율의 표현 방법은 크게 분수와 소수가 있다. 분수로 나타내는 방법을 보통 비의 값이라고 한다. 하지만 보통은 분수나 소수로 나타내면 사람들이 어렵게 느끼기 때문에 좀 더 알아보기 쉬운 다른 표현 방식을 쓴다. 그 표현 방식이 바로 백분율과 할푼리이다.

구분	백분율	할푼리
개념	기준량을 100으로 할 때의 비율 백분율(%) = 비율($\dfrac{\text{비교하는 양}}{\text{기준량}}$) × 100	비율을 소수로 나타낼 때, 그 소수 첫째 자리를 '할', 소수 둘째 자리를 '푼', 소수 셋째 자리를 '리'라고 한다. 예) 0.625 = 6할 2푼 5리
표현의 장점	우리에게 익숙한 100을 기준으로 표현하기 때문에 비율을 분수나 소수로 나타내는 것보다 좀 더 실질적으로 와닿아 이해하기 쉽다. 일반적인 비율의 표현 방식으로, 여러 분야에서 두루 사용되고 있다.	소수를 자연수화 하여 나타내기 때문에 사람들이 더 쉽게 비율을 이해할 수 있다. 주로 야구의 타율이나 은행의 금리 등을 나타낼 때 많이 이용된다. 현행 6학년 수학에서는 할푼리 개념은 다루지 않는다.

구분	띠그래프	원그래프
개념	전체에 대한 각 부분의 비율을 띠 모양으로 나타낸 그래프	전체에 대한 각 부분의 비율을 원에 나타낸 그래프
예시	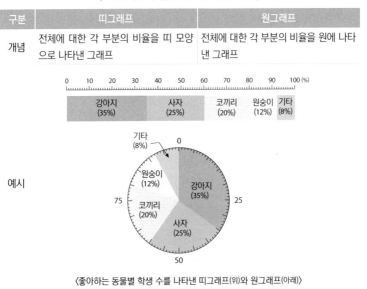 〈좋아하는 동물별 학생 수를 나타낸 띠그래프(위)와 원그래프(아래)〉	
표현의 장점	비율을 시각적으로 표현하여 사람들이 알아보기 쉽다. 부분들끼리의 양을 비교하기 쉽다.	

백분율이나 할푼리 모두 비율을 쉽게 표현하기 위해 사용한다. 그런데 그림으로 표현하는 방법만큼 쉽게 이해할 수 있는 것은 없다. 이 때문에 비율은 백분율이나 할푼리보다 그림으로 표현되는 경우가 더 흔하다. 그것이 바로 비율 그래프이다.

비율 그래프는 초등 과정에서는 띠그래프와 원그래프만 소개된다.

🔍 문제 풀이에 자주 이용되는 비례식

비례식은 그 자체로 중요하다기보다 잘 알아 두면 다른 문제를 풀 때 아주 유용하다. 따라서 비례식의 개념과 성질 등을 다음과 같이 정리해서 익힐 수 있도록 해야 한다.

▶ 비례식이란?

'2:3 = 4:6'과 같이 비의 값이 같은 두 비를 등식으로 나타낸 식을 말한다.

▶ 항

비 '2:3'에서 2와 3을 비의 항이라 하고, 앞에 있는 2를 '전항', 뒤에 있는 3을 '후항'이라 한다. 비례식 2:3 = 4:6에서 바깥쪽에 있는 두 항 2와 6을 '외항'이라 하고, 안쪽에 있는 두 항 3과 4를 '내항'이라 한다.

▶ 비의 성질 ①

2:3의 비의 값은 $\dfrac{2}{3}$ 이다. 2:3의 비에서 전항과 후항에 임의의 수를 곱하면(여기서는 2) 2:3 = (2×2):(3×2) = 4:6이 된다. 이와 같이 전항과 후항에 0이 아닌 같은 수를 곱하여도 비의 값은 변하지 않는다.

▶ 비의 성질 ②

24:32의 비의 값은 $\dfrac{24}{32}$, 즉 $\dfrac{3}{4}$ 이다. 24:32의 비에서 전항과 후항을 임의의 수로 나누면(여기서는 8) 24:32 = (24÷8):(32÷8) = 3:4가 된다. 이와 같이 전항과 후항에 0이 아닌 같은 수로 나누어도 비의 값은 변하지 않는다.

▶ 비례식의 성질

'2:3 = 4:6'과 같은 비례식에서 내항인 3과 4의 곱은 외항인 2와 6의 곱과 같다.

$$2:3 = 4:6 \qquad 3 \times 4 = 2 \times 6$$

6학년 수학에서
약점이 되기 쉬운 단원

🔍 미리 살펴보는 6학년 단원 구성

6학년은 분수와 소수의 나눗셈 비중이 상당히 높다. 계산 결과보다

| 6학년 교과 과정 |

구분		1학기	2학기
6학년 수학	1단원	분수의 나눗셈	분수의 나눗셈
	2단원	각기둥과 각뿔	소수의 나눗셈
	3단원	소수의 나눗셈	공간과 입체
	4단원	비와 비율	비례식과 비례배분
	5단원	여러 가지 그래프	원의 넓이
	6단원	직육면체의 부피와 겉넓이	원기둥, 원뿔, 구

는 계산 과정을 잘 이해하고 있는지 확인하는 것이 중요하다.

6학년 아이들이 가장 어려움을 느끼는 '비와 비율'과 '비례식과 비례배분' 단원은 모두 중학교에서 가장 많이 배우는 함수의 기초에 해당한다. 비, 기준량, 비교하는 양, 비율, 백분율, 비례식, 비례배분과 같은 용어의 정확한 개념을 반드시 숙지해야 한다. '원의 넓이' 단원에서도 원주, 원주율과 같은 개념을 정확히 알아야 중학교 수학을 공부하는 데 도움이 된다.

🔍 비와 비율(1학기 4단원)

비와 비율을 제대로 이해하지 못하면 이후 연비, 비례식, 비율 그래프, 비례배분, 정비례와 반비례 등의 내용을 배울 때 완전히 머릿속이 뒤죽박죽이 되면서 헤매게 된다. 따라서 이 단원을 배울 때는 각별한 주의가 요망된다. 가장 중요한 것은 비와 비율의 뜻과 이들의 관계를 명확히 아는 것이다.

🔍 비례식과 비례배분(2학기 4단원)

비례식과 비례식의 성질은 다른 문제를 푸는 데 매우 요긴하게 사용된다는 점에서 주의를 기울여야 한다. 중학 수학에서도 비례식과 비례식의 성질을 이용한 문제 풀이가 자주 등장한다. 비례배분 역시 중학교에서 많이 나오기 때문에 기초를 다져 놓아야 한다. 비례배분이란 전체의 양을 주어진 비로 나누는(배분) 것을 의미한다. 이렇게 말하면 어렵지만 문제를 예로 들면 이해가 쉽다.

> **Q** 영희와 영아는 10개의 사탕을 3:2로 나누어 먹으려고 합니다. 사탕을 어떻게 나누어야 할까요?

전체를 3:2로 나눈다는 말은 전체를 5등분(3+2)하여 영희는 $\frac{3}{5}$을, 영아는 $\frac{2}{5}$를 가진다는 뜻입니다. 즉 10개를 3:2로 나누면 영희는 10개의 $\frac{3}{5}$인 6개, 영아는 10개의 $\frac{2}{5}$인 4개를 먹게 됩니다.

🔍 분수의 나눗셈(1학기 1단원, 2학기 1단원)

분수의 나눗셈은 학기마다 한 번씩 등장한다. 1학기에는 분수÷자연수를 배우고, 2학기에는 분수÷분수를 배운다. 계산 자체로만 보면 어렵지 않은 내용이다. 하지만 왜 그렇게 계산하는지를 아는 아이들은 거의 없다.

예를 들어 $\frac{4}{5} \div \frac{2}{3}$를 계산하라고 하면 아이들은 공식처럼 나누기를 곱하기로 고쳐서 $\frac{4}{5} \div \frac{2}{3} = \frac{4}{5} \times \frac{3}{2}$ 으로 계산한다. 왜 이렇게 고치는지는 궁금해하지 않는다. 교과서에 이 계산의 원리가 상세하게 설명되어 있다. 꼭 이유까지 알고 넘어가도록 하자. 과정에 대한 이해 없이 결과만 알고 있을 경우, 고등 수학으로 갈수록 어려워진다는 사실을 명심해야 한다.

| 6학년 영역별 내용 |

영 역	내 용
수와 연산	• 분수의 나눗셈의 계산 원리 ★★★ • 나누는 수가 소수인 나눗셈의 의미와 계산 원리 ★★★ • 소수의 곱셈과 나눗셈의 계산 결과 어림하기 ★★★
도형	• 직육면체와 정육면체의 구성 요소와 성질 ★★★ • 각기둥과 각뿔의 성질(구성 요소와 성질 이해, 각기둥의 전개도 그리기) ★★★ • 원기둥과 원뿔의 성질(구성 요소와 성질 이해, 원기둥의 전개도 그리기) ★★★★ • 여러 가지 입체도형(쌓기나무를 통한 입체도형 이해) ★★
측정	• 원주율 이해 및 원의 넓이 구하기 ★★★★★ • 겉넓이와 부피(직육면체와 정육면체의 겉넓이, 부피 구하기)
규칙성	• 비의 개념 이해 ★★★ • 비율을 이해하고 비율을 분수, 소수, 백분율로 나타내기 ★★★★ • 비례식과 비례식의 성질 이해 ★★★ • 비례배분을 알고 비례배분 하기 ★★★
자료와 가능성	• 주어진 자료를 띠그래프와 원그래프로 나타내기 ★★★★ • 자료를 수집, 분류, 정리하여 목적에 맞는 그래프로 나타내기 ★★★★

🔍 소수의 나눗셈(1학기 3단원, 2학기 2단원)

소수의 나눗셈도 1학기와 2학기에 각각 한 번씩 등장한다. 1학기 때는 소수÷자연수를 배우고, 2학기 때는 소수÷소수를 배운다. 소수의 나눗셈은 소수를 자연수로 변환시켜 계산한다. 따라서 자연수의 나눗셈을 잘하는 아이라면 무리 없이 학습할 수 있다. 만약 아이가 소수끼리의 나눗셈을 어려워한다면 소수÷자연수부터 차근차근 배워 나가면 된다. 이 과정은 1학기 수학 교과서에 자세히 소개가 되어 있으니 참고하면 된다.

2부

영역별
수학 약점

영역별 함정을 알고 이에 맞는
공부법을 취하라

무엇을 하든 목적은 대단히 중요하다. 운동을 예로 들면, 운동의 목적이 건강이냐 균형 잡힌 몸이냐에 따라 그 방법이 달라진다. 건강을 위한 운동이라면 가벼운 조깅이나 걷기 운동만으로도 충분하다. 하지만 연예인들처럼 멋진 근육을 만들고 싶다면 적절한 식이 요법과 체계적인 근육 운동을 해야 한다.

이처럼 목적에 따라 그 성취 방법은 달라진다. 수학 역시 마찬가지이다. 수학을 잘하기 위해서는 기본적으로 오랜 시간 공부해야 하는 것이 정석이다. 하지만 좀 더 효율적으로 공부하고 싶다면 수학 영역별로 그 목적에 맞는 공부법을 택해야 한다.

수학은 수와 연산, 도형, 측정, 규칙성, 자료와 가능성, 총 5개의 영역으로 저마다 다른 성취 기준을 요구한다. 각 특성에 맞는 방식으로 접근해야만 노력한 만큼 공부 효율을 극대화시킬 수 있다. 또 그렇게 공부해야 영역별 학습 구멍이 생기는 것을 막을 수 있다.

01

신속 정확해야 하는
'수와 연산'

약점이 되기 쉬운 내용	-연산의 기본 개념 -분수의 사칙연산 -혼합 계산 순서 -사칙연산 속도와 정확성

"아이가 지겨워하지 않을
연산 훈련법을 준비해야 한다"

이미 1부를 통해 알고 있듯이 5개 수학 영역 중에서 가장 많은 부분
을 차지하는 것이 바로 수와 연산 영역이다. 초등 수학의 절반 정도를

| 학년별 수와 연산 영역 내용 |

학년	내용
1학년	100까지의 수 / 수의 크기 비교 / 간단한 수의 덧셈과 뺄셈 / 두 자리 수의 덧셈과 뺄셈
2학년	1000까지의 수 / 수의 크기 비교 / 두 자리 수의 덧셈과 뺄셈, 곱셈 / 곱셈구구
3학년	10000까지의 수 / 세 자리 수의 덧셈과 뺄셈, 곱셈 / 나눗셈 / 분수의 이해 / 분수의 크기 비교 / 소수의 이해 / 소수의 크기 비교
4학년	다섯 자리 이상의 수 / 곱셈의 계산 원리 / 나눗셈의 계산 원리 / 여러 가지 분수 / 분모가 같은 분수의 덧셈과 뺄셈 / 소수의 덧셈과 뺄셈
5학년	약수와 배수 / 약분과 통분 / 소수와 분수 자연수의 혼합 계산 / 분모가 다른 분수의 덧셈과 뺄셈 / 분수의 곱셈 / 소수의 곱셈
6학년	분수의 나눗셈 / 소수의 나눗셈

차지할 정도로 그 비중이 엄청나므로 가장 우선시하며 중요하게 다뤄야 한다. 더욱이 능숙한 계산 능력은 아이에게 곧 자신감으로 이어져 수학을 좋아하게 만든다.

6년 동안 배우는 만큼 상당히 복잡하고 많은 내용을 익혀야 할 것 같지만, 자연수와 분수, 소수의 사칙연산이 학습의 전부이다. 소수와 분수를 같은 계열로 놓고 볼 때, 초등 수학의 수와 연산 영역은 '자연수와 분수의 사칙연산'이라고 정리할 수 있다. 이 내용을 6년에 걸쳐 배우는 것이다.

1학년부터 3학년까지는 자연수와 자연수의 사칙연산을 집중적으로 배운다. 4학년부터는 분수와 소수를 집중적으로 배우게 된다. 사칙연산을 배우는 순서는 덧셈과 뺄셈으로 시작해서 곱셈과 나눗셈으로 확장되는데, 이 과정은 철저하게 단계적으로 배우기 때문에 이전 단계를 모르면 절대 진도를 나갈 수가 없다.

철저하게
단계적으로 공부해야 한다

수학은 흔히 체인 과목chain subject이라고 부른다. 왜냐하면 수학의 특징이 체인의 특징과 닮았기 때문이다. 체인은 중간에 한 군데라도 고리가 끊어지면 쓸모없는 물건이 된다. 수학도 마찬가지이다. 중간에 어떤 하나라도 개념을 모르면 그 연결이 끊어져 더 이상 다음 단계로 넘어가지 못한다. 특히 수와 연산 영역은 더욱 그러하다.

예를 들어 측정 영역 같은 경우, 길이의 개념을 잘 모른다고 해서 무게의 개념도 이해하지 못하는 것은 아니다. 하지만 수와 연산 영역은 다르다. 덧셈과 뺄셈 개념을 모르는 아이는 곱셈과 나눗셈 개념을 이해할 수 없다. 또 두 자리 수의 덧셈과 뺄셈을 못 하는 아이가 세 자리 수의 덧셈과 뺄셈을 할 수 없는 건 당연하다.

이처럼 수와 연산 영역은 내용의 체계성과 위계성이 분명하다. 따라서 이런 특성에 맞게 철저하게 단계적으로 공부해야 한다.

예를 들어 5학년에 등장하는 $\frac{1}{3}+\frac{1}{2}$과 같은 분수의 덧셈을 살펴보자. 이 분수의 덧셈을 하기 위해 3학년 때 $\frac{1}{3}$, $\frac{1}{2}$과 같은 분수의 의미를 배웠으며, 4학년 때 '분모가 같은 분수의 덧셈을 할 때는 분모는 그대로 적고 분자끼리 더한다'는 원리를 배웠다. 이 과정을 철저하게 배웠다면 예시처럼 분모가 다른 분수의 덧셈도 어렵지 않게 배울 수 있다.

5학년 아이들에게 $\frac{1}{3}+\frac{1}{2}$의 문제를 내면 $\frac{1}{3}+\frac{1}{2}=\frac{2}{6}+\frac{3}{6}=\frac{5}{6}$의 과정을 거쳐 아주 쉽게 풀어 낸다. 그런데 $\frac{1}{3}+\frac{1}{2}$을 왜 $\frac{2}{6}+\frac{3}{6}$으로 고쳐서 풀었냐고 물어보면 그 이유를 잘 대답하지 못한다. 통분을 해서 풀긴 했지만 왜 통분하는 것인지 그 이유를 모르는 것이다. 그 이유에 대해서는 이미 4학년 때 충분히 배웠음에도 말이다. 단순히 계산법을 암기해서 풀어 왔기 때문에 분모가 같아야 분자끼리 더할 수 있다는 원리를 알지 못하는 것이다.

이처럼 수와 연산 영역은 체계적으로 배우기 때문에 단계별로 알아야 할 핵심 개념을 챙기지 않으면 다음 단계는 수박 겉핥기식의 공부가 될 수 있다.

이런 이유 때문에 수학책은 학년이 끝났다고 버리기보다는 가지고 있는 것이 좋다. 아이가 자꾸 같은 부분을 틀리고 어려워한다면 그 부분에 대한 체계가 잘 안 잡혀 있다는 의미이다. 이처럼 학습 구멍이 생겼을 때는 이전 학년 교과서를 통해 개념을 복습시켜야 한다.

한편 개념이 잘 확립되지 않은 상태에서 선행 학습을 하면 아이는 완전히 헤매게 된다. $\frac{1}{3}+\frac{1}{2}$과 같은 5학년 분수 문제도 못 푸는 아이가 선행 학습으로 $\frac{1}{3}+\frac{1}{2}-0.1$과 같은 중학교 연산 문제를 배운다고 생각해 보자. 이것은 완전 불가능 그 자체로 아이에게 암기식 공부를 강요하는 것과 마찬가지이다. 따라서 수와 연산 영역을 공부할 때는 우선 아이가 이전 개념들을 확실히 다졌는지부터 확인해야 한다.

계산 원리를
꼭 알아야 한다

6학년 아이들에게 분수의 나눗셈을 가르칠 때 다음과 같은 문제를 냈다.

(문제)

아래 풀이 과정을 보고 $\dfrac{5}{12} \div \dfrac{7}{18}$ 을 $\dfrac{5}{12} \times \dfrac{18}{7}$ 로 바꿔서 풀 수 있는 이유를 설명해 보시오.

$$\dfrac{5}{12} \div \dfrac{7}{18} = \dfrac{5}{12} \times \dfrac{18}{7} = \dfrac{15}{14} = 1\dfrac{1}{14}$$

이 물음에 아이들은 기상천외한 답변을 쏟아냈는데, 가장 많은 아이들이 "원래 나누기는 곱하기로 푸는 것."이라고 답했다. 개중 한 아이는 이렇게 답했다. "잘은 모르지만 학원에서 나누기는 곱하기로 고치고 뒷수는 역수로 바꾸는 거라고 했다."

$\dfrac{5}{6} \div \dfrac{5}{7}$ 을 $\dfrac{5}{6} \times \dfrac{7}{5}$ 로 바꿔서 풀 수 있는 이유는 다음과 같다.

$$\frac{5}{6} \div \frac{5}{7} = \frac{35}{42} \div \frac{30}{42} = 35 \div 30 = \frac{35(5 \times 7)}{30(6 \times 5)}$$

이와 같은 과정을 거치기 때문이다. 6학년 2학기 분수의 나눗셈에도 자세히 소개되어 있다. 하지만 이런 과정을 제대로 알고 있는 아이들은 거의 없다. 그 과정은 건너뛰고 결과만 아는 경우가 대부분이다. 그 결과만 알아도 문제를 푸는 데 어려움이 없다 보니 과정을 들여다보려 하지 않는 것이다.

한번은 3학년 아이들에게 나눗셈을 가르칠 때 이런 말을 해주었다.

"덧셈, 뺄셈, 곱셈을 할 때는 모두 뒷자리부터 계산하는 것이 좋지만, 나눗셈을 할 때는 앞자리부터 나눠 주는 게 좋아."

이 말을 듣고는 한 아이가 바로 질문을 했다.

"왜 그런데요?"

질문한 아이에게 참 좋은 질문이라고 칭찬을 하며 아이들에게 뒷자리부터 나누기를 할 경우 계산을 다시 해야 하는 일이 생길 수 있다고 그 이유를 설명했다. 이 아이처럼 당연한 것에 의문을 갖고 왜 그런지에 대해 이유를 알려고 하는 태도야말로 진정한 수학적 태도라 할 수 있다.

우리는 흔히 "기본에 충실해야 한다."라는 말을 많이 한다. 수학에서 연산은 기본 중의 기본이다. 따라서 왜 그렇게 계산해야 하는지 그 이유에 대해 분명히 알고 있어야 한다. 기본 원리를 철저하게 알고 있으면 응용력이 강해진다. 반대로 기본 원리를 등한시할 경우 당장은 문제없어 보여도 상위 단계로 올라갈수록 차이가 드러난다.

시험 시간이
점점 부족해지는 이유

수와 연산 영역은 숙달 훈련이 꼭 필요하다. '정확성'과 '빠르기'는 이 영역을 상징하는 말이다. 저학년 시험 시간과 고학년 시험 시간을 비교해도 그 차이를 확연히 느낄 수 있다. 시험 시간은 모두 40분으로 똑같다. 하지만 저학년은 20분만 지나도 다 풀었다며 빨리 시험지 안 걷냐고 난리가 난다. 이럴 경우 그냥 방치하면 민란(?)이 발생할 수도 있으므로 대부분 시험 시간이 끝나기도 전에 시험지를 걷는다. 하지만 고학년이 되면 이야기가 달라진다. 시험 종료를 알리는 종이 울렸는데도 다 풀지 못해 5분만 더 시간을 달라고 아우성이다. 시간을 더 주어도 채점을 하다 보면 시험지 한 면을 백지로 내는 아이들도 있다.

왜 이런 현상이 발생하는 것일까? 물론 고학년 수학이 더 어렵기 때문에 시간이 더 걸리는 것은 당연하다고 생각할지도 모른다. 하지만 고학년으로 갈수록 시험 시간이 부족해지는 것은 연산력 차이가 주된 원인이라 할 수 있다. 연산이 복잡해지고 한 문제를 풀기 위해 거쳐야 하는 연산 횟수가 훨씬 많아지기 때문이다.

2학년 아이들이 가장 복잡하게 생각하는 세 수의 계산 문제인 23−5−6과 5학년 때 등장하는 자연수의 혼합 계산 문제인 65−(3+7)×4÷8+22를 통하여 연산 횟수를 비교해 보자.

2학년 수학 연산 문제	5학년 수학 연산 문제
23−5−6 =18−6 =12	65−(3+7)×4÷8+22 =65−10×4÷8+22 =65−40÷8+22 =65−5+22 =60+22 =82

2학년 연산 문제는 말 그대로 눈에 힘만 한 번 주면 정답이 나온다. 하지만 5학년 연산 문제는 다섯 번의 연산 과정을 거쳐야 비로소 정답이 나온다. 한 문제를 푸는 데 소요되는 시간 차이가 상당하다. 이뿐만 아니라 5학년 문제는 만약 중간에 한 번만 실수해도 틀리고 만다. 이런 문제를 극복하기 위해서는 저학년 때부터 체계적인 연산 훈련을 시켜야 한다.

연산력을 향상시키는 가장 간단한 방법은 시중에 파는 연산 문제집을 사용하는 것이다. 시중에 연산만을 집중적으로 훈련시키는 학습지

들이 꽤 많이 나와 있다. 이런 문제집을 구입해 매일 조금씩이라도 풀면 연산력이 확실히 좋아진다. 여기서 강조하고 싶은 것은 '매일 조금씩'이라는 사실이다. 하루에 2장 이상 푸는 것은 좋지 않다. 얼마나 많은 양을 하느냐보다 얼마나 꾸준히 했느냐가 연산력 향상의 비법이다.

문제집을 통해 연산 훈련을 할 때는 초시계를 활용할 것을 권하고 싶다. 연산 훈련을 할 페이지를 정한 뒤 연산 기록을 재고 틀린 개수만큼 체크를 한다. 5~10분 안팎으로 시간 제한을 두는 것이 포인트이다. 그렇지 않으면 무한정 늘어질 수 있다. 한두 달 정도만 꾸준히 반복해도 정도의 차이만 있을 뿐 누구나 기록 향상을 맛볼 수 있을 만큼 효과적이다. 또 두 자리 수 덧셈을 일주일 했다면 다음에는 두 자리 수 뺄셈을 풀게 하는 등 주기별로 문제를 바꿔 주는 것이 좋다. 연산 문제집은 아무래도 부모가 시간도 체크하고 채점도 해줘야 하기 때문에 부담이 될 수 있다. 이런 부모라면 연산 학습지를 권한다. 하지만 학습지는 경제적으로 부담이 될 뿐 아니라 다른 부분에서 오히려 신경 써야 할 것들이 더 많을 수 있다.

연산력 향상을 위한 또 다른 방법은 주산을 배우는 것이다. 주산은 7, 80년대 열풍이 불었다가 자취를 감추는가 싶더니 다시 인기를 끌기 시작했다. 주산은 집중력과 연산력 향상에 탁월한 효과가 있다. 흔히 주산을 배우게 되면 머리에 주판이 그려진다는 말을 하는데 이 정도 단계가 되려면 최소 1년 이상을 배워야 한다. 따라서 주산을 시키려고 한다면 적어도 1년은 가르쳐야 연산력 향상을 기대할 수 있다.

02

좔좔 암기해야 하는
'도형'

약점이 되기 쉬운 내용	-도형 개념의 암기 -넓이 구하는 공식의 산출 과정 -조작체험 활동

"도형 개념은 무조건 암기를,
넓이 공식은 반드시 이해부터 해야 한다"

수와 연산 영역 다음으로 많은 비중을 차지하는 것이 도형 영역이다.
매 학년 매 학기마다 빠지지 않고 한두 단원씩은 꼭 배우게 된다. 수학

| 학년별 도형 영역 내용 |

학년	내용
1학년	입체도형과 평면도형의 모양
2학년	삼각형, 사각형, 원을 직관적으로 이해하기 쌓기나무를 이용하여 입체도형 만들기
3학년	직선, 선분, 반직선 알기 원의 구성 요소
4학년	평면도형의 이동, 각과 직각 이해 여러 가지 삼각형, 여러 가지 사각형, 다각형의 이해
5학년	합동의 의미와 그 성질 선대칭도형과 점대칭도형
6학년	직육면체와 정육면체의 구성 요소와 성질 직육면체와 정육면체의 겨냥도와 전개도 각기둥과 각뿔의 성질, 원기둥과 원뿔의 성질 쌓기나무로 만든 입체도형

을 전반적으로 싫어하는 아이들도 도형 영역은 재미있어한다. 수와 연산 영역은 수리적이고 논리적인 능력을 요하지만 도형 영역은 직관적인 능력을 요구하기 때문이다. 무엇보다 도형 영역은 다른 영역에 비해 조작체험 활동이 많아 재미가 있고 새로운 두뇌 자극을 경험할 수 있다는 점에서 인기가 많다.

도형의 체계를 알아야
한눈에 그려진다

교과서는 대단히 체계적으로 구성되어 있다. 다만 6년 동안 조각조각 나눠서 배우기 때문에 아이들은 이 내용들이 서로 어떻게 연결되는지 잘 모른다. 심지어 별개의 내용이라고 생각하기도 한다. 서로 분산된 내용을 연결시켜 종합적으로 파악하는 능력이 부족하기 때문이다. 따라서 가르치는 사람이 대신 이 작업을 해줘야 한다.

초등학교에서 배우는 도형은 내용이 많은 것 같지만 표로 만들어 살펴보면 양이 그렇게 많지 않다.

다음 표를 통해 초등 수학에서는 크게 평면도형과 입체도형을 배우는 것을 알 수 있다. 4학년까지는 평면도형을 집중적으로 배우고 5, 6학년은 입체도형을 집중적으로 배우게 된다.

이와 같은 도형 체계를 알고 나면 산만하게 흩어져 있던 여러 지식들

도형	평면 도형	점	점, 꼭지점
		선	곧은 선 – 선분, 직선 굽은 선 – 곡선
		다각형	삼각형 – 정삼각형, 이등변삼각형, 직각삼각형, 예각· 둔각삼각형 사각형 – 직사각형, 정사각형, 평행사변형, 마름모, 사 다리꼴 오각형, 육각형, 팔각형
		원	
	입체 도형	면	
		기둥 각기둥	삼각기둥, 사각기둥, 오각기둥, 육각기둥, 팔각기둥
		기둥 원기둥	
		뿔 각뿔	삼각뿔, 사각뿔, 오각뿔, 육각뿔, 팔각뿔
		뿔 원뿔	
		구	

이 일목요연하게 정리되기 때문에 공부하는 데 훨씬 힘이 덜 들고 헷갈

리지 않는다.

개념 암기를 소홀히 할 때 벌어지는 문제

5, 6학년 방과 후 수학 영재반을 지도할 때의 일이다. 하루는 아이들에게 예각삼각형의 정의에 대해 물어보았다. 그러자 10명의 아이들이 다음과 같이 각각 답했다.

① 세 각이 모두 90°보다 작은 삼각형

② 세 각의 크기가 직각보다 작은 각으로 이루어진 도형

③ 세 개의 각이 90°보다 작은 삼각형

④ 세 각의 크기가 모두 90°보다 작은 도형

⑤ 삼각형 각이 모두 예각인 삼각형

⑥ 세 각의 각도가 예각인 삼각형

⑦ 세 각이 모두 90° 미만인 도형

⑧ 두 개 이상의 각이 90°보다 작은 각을 가진 삼각형

⑨ 두 각이 90° 미만인 삼각형

⑩ 세 각이 모두 90°가 넘지 않는 삼각형

신기하게도 똑같은 대답이 하나도 없었다. 물론 1, 2, 3, 4, 7, 10번은 표현이 조금씩 다르지만 결국 똑같은 의미이다.

이 중 정답은 무엇이라고 생각하는가? 안타깝게도 이 많은 답변들 중 정답은 없다. '예각삼각형이란 세 각이 모두 예각인 삼각형'이라는 교과서 정의에 근거할 때 완벽하게 일치하는 정답은 하나도 없는 것이다. 8번과 9번 답변은 완전히 오답이며 둔각삼각형의 정의를 말하고 있다. 그나마 5번이 가장 정답에 근접한 답변이라고 할 수 있다.

어찌 보면 아주 단순하고 쉬운 예각삼각형의 정의에 대해 제대로 답변한 아이가 없다는 사실이 놀랍지 않은가? 그것도 보통 아이들도 아니고, 수학을 잘한다고 하는 수학 영재반에서 이런 현상이 벌어지고 있다.

이러한 상황은 현재 아이들이 도형 영역을 공부하는 방법에 문제가 있음을 적나라하게 보여 준다. 그것은 바로 아이들이 가장 많이 하는 실수인 '개념 암기의 소홀'이다. 도형의 개념은 이해도 중요하지만 이해한 후에는 암기가 동반되어야 한다. 앞선 사례 역시 개념을 암기하지 않은 데서 비롯된 사태이다.

고학년 아이들에게 사각형이 무엇이냐고 물으면 대다수의 아이들은

"각이 네 개인 것이요."라고 대답한다. 삼각형이 무엇이냐고 물으면 역시 "각이 세 개인 것이요."라고 대답한다. 삼각형, 사각형의 개념은 2학년 때 배우는 기초 개념이지만 "사각형은 네 선분으로 둘러싸인 도형입니다."라고 정확하게 대답하는 아이들을 거의 찾아볼 수 없다.

상황이 이렇다 보니 다음과 같은 문제를 풀어 보라고 하면 머뭇거리기 일쑤이다.

Q 다음 도형이 사각형이 아닌 이유를 설명해 보시오.

이런 서술형 평가에서 좋은 점수를 받기 위해서는 개념을 인용하여 근거로 제시하는 것이 좋다. 예를 들어 "사각형은 네 선분으로 둘러싸인 도형을 이르는데 이 도형은 네 선분으로 이루어져 있지만 둘러싸여 있지 않고 열려 있기 때문에 사각형이라고 말할 수 없다."와 같은 식으로 답변해야 좋은 점수를 받을 수 있다.

하지만 이런 식의 완벽한 대답은 한 반에서 한 명 나올까 말까 한다. 대부분 자신의 생각을 대충 얼버무리거나 심한 경우에는 "사각형 모양이 아니니까." 혹은 "그냥."처럼 엉터리 답변을 내는 아이들도 많다.

따라서 도형 영역은 반드시 개념장을 만들어 수시로 읽게 해야 한다. 영어 단어장을 들고 다니면서 외우는 것처럼 수학 개념장을 만들어 수시로 외워야 한다. 수학 공식만큼 중요한 것이 도형의 개념이다.

도형을 공부하는 쉬운 방법,
개념 공책을 만들어라

수학 교과서에 등장하는 개념을 이해하는 것은 공부의 핵심이자 공부 그 자체라고 해도 과언이 아니다. '학문의 과정은 개념 획득의 과정'이라는 측면에서도 개념 이해가 얼마나 중요한지 알 수 있다. 또한 개념은 시험 문제의 단골 손님이기 때문에 이해한 후 반드시 암기해야 한다. 이를 위한 방법으로 개념 공책을 추천하고 싶다. 말 그대로 교과서에 나오는 개념들을 한 권의 공책에 정리하는 것인데, 개념 이해는 물론, 자투리 시간을 이용해서 효율적으로 공부하는 데도 도움이 된다.

개념 공책을 만들 때는 다음 사항에 유념해야 한다.

·공부하면서 새롭게 알게 된 개념 어휘를 정리한다.
·교과서에 나온 개념 어휘는 반드시 정리한다.

·정리할 때는 가급적 글씨를 또박또박 써서 가독성을 높인다.

·개념에 해당하는 글씨는 색깔을 달리해서 눈에 잘 띄게 한다.

·개념 어휘의 본래 뜻 외에도 필요한 부분은 보충 설명을 곁들인다. 개념 이해에 도움이 되는 그림이나 표도 적극 활용한다.

·한 번에 몰아서 정리하기보다 배울 때마다 정리하는 것이 좋다. 가급적 한 단원별로 정리한다.

이렇게 만든 개념 공책을 시간이 날 때마다 반복해서 읽다 보면 저절

| 3학년 수학 개념 공책 예시 |

3학년 l학기 2단원 [평면도형] 개념 어휘

선분 – 두 점을 곧게 이은 선 ●━━━━━●

반직선 – 한 점에서 시작하여 한쪽으로 끝없이 늘인 곧은 선

직선 – 선분을 양쪽으로 끝없이 늘인 곧은 선 ●━━━━●

각 – 한 점에서 그은 두 반직선으로 이루어진 도형

직각 – 종이를 반듯하게 두 번 접었을 때 생기는 각

직각삼각형 – 한 각이 직각인 삼각형

직사각형 – 네 각이 모두 직각인 사각형

정사각형 – 네 각이 모두 직각이고 네 변의 길이가 모두 같은 사각형

로 개념 정의에 강해진다.

　이때 개념에 해당하는 그림이나 과정들을 추가하면 개념 이해력이 높아진다. 핵심 개념들은 단원별로 10개를 넘지 않으므로 조금만 신경 쓰면 충분히 개념 공책을 만들 수 있다. 도형 영역뿐만 아니라 다른 영역들도 개념 공책으로 정리해 놓으면 매우 좋다.

공식을 까먹지 않고
오래 기억하는 법

　도형 영역에는 사각형의 넓이, 삼각형의 넓이, 각기둥의 부피 등 공식이 참 많이 등장한다. 아이들은 단위도 낯선 데다 서로 비슷해 보이는 공식을 아무리 외워도 돌아서면 금방 잊어버린다. 자기만의 공식 암기 비법을 만들어 외우는 아이들도 있지만, 대부분의 아이들은 공식을 잘 외우지 못한다. 이유는 간단하다. 그 공식이 산출된 과정에 주의를 기울이지 않기 때문이다. 이는 비단 아이들만의 문제는 아니다.

　중고등학교에서는 공식을 증명할 때 주로 논리성을 강조한 연역적 방법을 많이 사용한다. 하지만 초등학교에서는 직관적 사고에 의존한 귀납적 방법을 많이 사용한다. 따라서 초등학교에서 공식을 공부할 때는 다양한 예를 통하여 규칙이나 법칙을 이해하고 증명 과정을 반복적으로 연습해야 한다. 이러한 과정을 통해 수학적 사고력과 논리력을 키울 수 있다.

그런데 실제로 수학 공식을 배우는 과정을 살펴보면 공식 유도 과정이나 증명 과정은 간단히 소개하는 선에서 그치는 경우가 대부분이다. 그 대신 결과만을 강조하고 이를 암기하여 문제를 풀게 한다. 암기한 공식에 주어진 문제를 대입하는 식의 학습 방법으로는 공식이 갖는 수학적 의미를 제대로 공부할 수 없다.

예를 들어 삼각형의 넓이를 구하는 공식은 '밑변 × 높이 ÷ 2'이다. 또한 평행사변형의 넓이를 구하는 공식은 '밑변 × 높이'이다. 삼각형 2개를 붙여 놓으면 평행사변형이 되고, 반대로 평행사변형을 반으로 자르면 삼각형이 된다. 그래서 이런 공식이 나온 것이다.

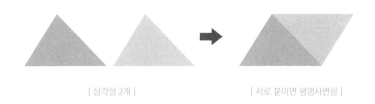

| 삼각형 2개 | | 서로 붙이면 평행사변형 |

넓이를 구할 때 사각형 모양으로 바꾸는 것은 우리가 쓰는 넓이 단위 $1cm^2$가 가로 세로가 1cm인 정사각형의 넓이를 의미하기 때문이다.

소홀하기 쉬운 증명 과정을 아이가 반복 학습할 수 있도록 부모가 주의를 기울여야 한다. 외우기 전에 여러 번 공식의 산출 과정을 적어 보게 하거나, 부모에게 그 과정을 설명해 보게 하는 것도 좋은 방법이다.

조작체험 활동으로
완성하는 도형 영역

　도형 영역을 재미있게 공부하고 개념을 더욱 깊이 이해하기 위해서는 조작체험 활동을 많이 해야 한다. 조작체험 활동에 근거한 공부법은 초등학생들에게 선택이 아니라 필수이다. 왜냐하면 초등학교 아이들은 성장 발달적인 측면에서 볼 때 구체적 조작기에 해당하기 때문이다.

　4학년을 가르칠 때 이런 일이 있었다. 다음과 같은 삼각형의 내각을 구해 보라고 했더니 한 아이가 255°라고 답한 것이다.

　대다수 아이들은 삼각형 내각의 합은 180°인 점을 이용해 180°에서 두 내각의 합인 105°를 빼 75°라는 정답을 적어 냈다. 한두 명이 연산 과정의 실수로 65°나 85°와 같은 오답을 냈을 뿐이다. 그런데 이 아이는 완전한 엉뚱한 답을 냈기 때문에 따로 불러서 그 연유를 물었다. 그랬더니 삼각형의 세 각의 합을 360°로 착각했다는 것이다. 네 각의 합이

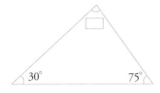

문제

다음 삼각형의 ☐ 안에 들어갈 각도는 몇 도일까요?

360°인 사각형과 헷갈렸던 모양이었다.

이때 '아이가 헷갈려서 실수할 수도 있지.'라고 생각한다면 큰 오산이다. 지금은 작은 실수인 것 같지만 학년이 올라가 더 많은 도형을 배우게 되면 이는 큰 약점이 되어 버린다. 따라서 사소한 것일지라도 끊임없이 바로잡아 줘야 한다.

그런데 왜 이런 실수를 하는 것일까? 그것은 구체적 조작체험 활동을 등한시하거나 외면한 결과일 확률이 높다. 이 아이는 '삼각형 내각의 합은 180°'라는 사실을 조작체험 활동 없이 단순히 암기했을 것이다. 문제는 암기한 지식들은 비슷한 내용끼리 서로 충돌하여 헷갈리게 된다는 점이다. 그래서 사각형 내각의 합과 착각한 것이다.

만약 '삼각형 내각의 합은 180°', '사각형 내각의 합은 360°'라는 사실을 다음과 같은 조작체험 활동을 통해 배웠다면 절대 까먹지 않았을 것이다.

| 삼각형 내각의 합이 180°임을 알아보는 조작체험 활동 |

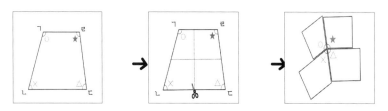

| 사각형 내각의 합이 360°임을 알아보는 조작체험 활동 |

조작체험 활동을 하지 않으면 개념에 대한 이해가 완벽해지지 않는 경우도 있다. 예를 들어 각을 재는 활동을 할 때 각을 어떻게 재는지 방법만 알면 된다고 생각하기 쉽지만 사실은 그렇지 않다. 많이 재보지 않으면 어처구니없는 실수를 하게 된다. 다음 시험지를 살펴보자.

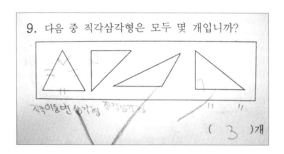

이 아이는 직각삼각형이 무엇인지 알고 있었지만 정작 직각을 많이 작도해 보지 않아 직각을 제대로 분별해 내지 못했다. 그래서 직각에 훨씬 못 미치는 첫 번째 삼각형도 직각이라고 생각했다.

어른의 시각으로 볼 때는 참 황당한 실수 같아 보이지만 아이 수준에서는 얼마든지 있을 수 있는 일이다. 이러한 문제의 근원은 조작체험 활동을 등한시한 수학 공부 방식에 있음을 명심해야 한다.

몸으로 익히는
'측정'

약점이 되기 쉬운 내용	-단위의 이해와 단위 감각 -단위 간의 상호 관계 -단위의 변환

"일상 속에서 경험해 보지 못한
단위를 잡아라"

아이들이 저학년 때는 '측정' 영역을 매우 쉽다고 느끼며 재미있게 배운다. 하지만 고학년으로 갈수록 아이들을 힘들게 하는 영역이 바로 이 측정 영역이다. 저학년의 측정 영역은 대부분 일상생활과 밀접한 내용을 배우지만 고학년이 되면 추상적인 영역으로 내용이 확장되기 때문이다.

| 학년별 측정 영역 내용 |

학년	내용
1학년	양의 비교 / 시각 읽기
2학년	시각과 시간 / 길이 / 측정값 나타내기
3학년	시간 / 길이 / 들이 / 무게
4학년	각도
5학년	평면도형의 둘레 / 직사각형과 정사각형의 넓이 / 어림하기(반올림, 올림, 버림) / 수의 범위(이상, 이하, 초과, 미만) / 평면도형의 넓이 / 넓이의 여러 가지 단위
6학년	원주율과 원의 넓이 / 입체도형의 겉넓이와 부피

이는 1학년부터 6학년까지 배우는 측정 영역의 내용들을 살펴보면 금세 알 수 있다. 저학년 때는 유치원 때도 해봤음 직한 시각 읽기, 길이 재기, 무게 재기 등을 배운다. 일상 속의 경험을 수학적으로 체계 있게 정리하면 되기 때문에 아이들이 쉽게 받아들인다.

하지만 고학년이 되면 각도, 평면도형의 넓이, 입체도형의 부피 등 경험하지 못한 것들을 다루기 때문에 아이들이 이질감을 느끼고 어려워한다.

단위에 대한
올바른 이해가 중요하다

측정 영역은 단위에 대한 올바른 이해가 성공의 관건이다. 2, 3학년 때 배우는 '길이'를 예로 들어 보자.

길이를 배운 사람과 그렇지 않은 사람의 결정적인 차이는 무엇일까? 아마 길이에 대한 개념을 모른다면 '길다' 혹은 '짧다' 정도로밖에 표현할 수 없을 것이다. 더욱이 '길다'의 정의는 사람에 따라 달라지므로 도무지 어느 정도 긴 것인지 듣는 사람은 알 수 없다. 하지만 1m, 1km로 표현하면 그 길이를 보다 구체적으로 인지하게 된다. 또 1m와 1km는 모두 길다로 표현할 수 있지만 단위 하나로 그 길이가 확연히 달라진다.

이처럼 측정 영역에서는 단위의 이해가 상당히 중요하다. 다음은 측정 영역에서 다루는 단위를 소개한 것이다.

초등학교 때 배우는 측정 영역은 크게 '길이, 무게, 들이, 넓이, 부

| 측정 영역의 단위 정리 |

구분	단위
길이	밀리미터(mm), 센티미터(cm), 미터(m), 킬로미터(km)
무게	킬로그램(kg), 그램(g)
들이	리터(L), 데시리터(dL), 밀리리터(mL)
넓이	제곱센티미터(cm^2, 제곱미터(m^2), 제곱킬로미터(km^2), 아르(a), 헥타르(ha)
부피	세제곱센티미터 (cm^3) 세제곱미터(m^3)
시간	시, 분, 초, 일, 주, 달, 년

피, 시간'으로 나눌 수 있다. 먼저 아이가 이 단위 개념들과 친해질 수 있도록 도와야 한다. 특히 들이와 넓이는 단위가 워낙 다양하여 아이들이 많이 헷갈려하는 내용이므로 각별한 주의가 필요하다. 집에서는 우유나 주스와 같은 액체 음료로 들이 단위를 경험하고 개념을 이해할 수 있다.

아이의 눈높이에 맞춰
단위를 설명하라

초등 수학의 측정 영역에서 가장 중요한 것은 '단위에 대한 감각'을 형성하는 것이다. 여기서 말하는 단위에 대한 감각이란, 길이 1m 혹은 1kg 등이 어느 정도인지를 직관적으로 아는 것을 뜻한다.

2학년 아이들에게 1m에 대해 가르치다가 하루는 "1m는 어느 정도 길이지?"라고 물었다. 그러자 "제 손 한 뼘이요." "운동장 한 바퀴요." 같은 황당한 답변이 쏟아졌다.

초등학생에게 '1m는 진공에서 빛이 $\frac{1}{299{,}792{,}458}$초 동안 진행한 거리와 같은 이론적인 지식은 필요하지 않다. 다만 실질적인 단위 감각을 익히는 것이 중요하다. 따라서 아이에게 측정 단위를 지도할 때는 정확한 개념도 중요하지만 신체나 일상 속에서 흔히 접하는 것에 빗대어 설명해줘야 한다.

아래에 예시로 든 표현들은 정확한 표현은 아니지만 아이들 수준에서 단위를 이해하는 데 도움이 되도록 바꿔 놓은 것이다. 이 예시를 사용해도 좋고, 아이에게 예시를 직접 바꿔 보게 하는 것도 좋다. 단위를 보다 알기 쉽게 바꿔 표현해 봄으로써 단위에 대한 감각을 높일 수 있다.

| 단위별 표현 예시 |

구분	단위	눈높이 단위 표현
길이	1밀리미터(mm)	눈곱만큼 작은 길이
	1센티미터(cm)	새끼손가락 한 마디
	1미터(m)	양팔 벌린 길이
	1킬로미터(km)	20분 정도 걸은 길이
무게	1킬로그램(kg)	교과서 세 권 정도 무게
	1그램(g)	코딱지 한 개 무게
들이	1리터(L)	큰 팩 우유갑에 들어가는 물의 양
	1밀리리터(mL)	눈물 한두 방울
넓이	1제곱센티미터(cm²)	엄지 손톱만 한 넓이
	1제곱미터(m²)	신문지 한 장을 펼쳤을 때의 넓이
부피	1세제곱센티미터(cm³)	눈물 한두 방울 정도를 담을 수 있는 그릇
	1세제곱미터(m³)	1인용 텐트 정도의 크기
시간	1초	'똑딱' 하는 시간
	1시간	학교 점심시간 정도의 시간

단위 간의
상호 관계를 파악하라

　부피와 들이를 구분할 줄 아는 아이들은 상당히 드물다. 이는 관련성을 무시하고 단편적으로 공부하기 때문이다. 무게, 들이, 부피는 상호 관련성이 높기 때문에 서로 연관시켜서 공부해야 한다. 그렇지 않으면 입체적인 학습이 이루어지지 않고 평면적인 이해에 그칠 수밖에 없다.

　들이와 부피는 교과서에서도 상호 관계를 잘 설명해 주지 않는다. 이 때문에 서로 다른 개념이고 다른 단위를 쓰고 있음에도 불구하고 아이들은 쉽게 구별하지 못하고 혼란스러워한다.

　부피와 들이 개념은 무게 개념과 비교하면 더욱 쉽게 이해할 수 있다. 다음은 부피, 들이, 무게의 관계를 정리해 놓은 것이다.

구분	개념	단위	주 사용처	비교
부피	공간 개념	cm³(세제곱센티미터)	수학적 계산	1cm³ = 1mL
들이	양 개념	mL(밀리리터)	액체의 양 표시	1mL = 1g
무게	무게 개념	g(그램)	일반적인 무게 표시	1g = 1cm³

다음과 같이 가로, 세로, 높이가 1cm인 그릇(정방형 큐빅)이 있다고
해보자.

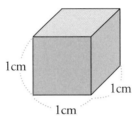

이 그릇이 공간에서 차지하는 점유 공간이 바로 '부피'이고, 이때 부
피를 '1cm³'라고 표현한다. 우리는 씨씨(cc)라는 표현을 일상생활에서
많이 쓰는데 cc는 입방센티미터를 의미하는 Cubic Centimeter의 약자로 정
방형 큐빅을 가리키므로 1cc=1cm³라고 할 수 있다.

이 정방형 큐빅 그릇에 물을 부을 때 들어가는 물의 양이 1mL이다.
물 1mL의 무게는 바로 1g이다. 단 이때 사용되는 물은 그냥 보통의 물
이 아니라 순수한 물(증류수)이어야 하고 온도도 3.98˚라는 조건이 붙
는다.

수학에서는 부피 개념이 많이 사용되지만 일상생활에서는 거의 사용되지 않는다. 하지만 들이와 무게 단위는 평상시에도 많이 쓰이는 만큼 보다 수월하게 이해할 수 있다.

글로만 단위 개념을
배운 아이

자를 이용해서 길이를 재보는 '길이 재기' 시간이 되면 2학년 교실은 아주 활기가 넘친다. 누구 한 명 딴짓하지 않고 책상, 연필, 친구의 키 등을 재며 즐거워한다.

지금까지 여러 번 강조했지만 수학은 조작체험 활동이 대단히 중요하다. 특히 측정 영역은 단위에 대한 감각을 형성하기 위해서라도 더욱 많은 조작체험이 요구된다. 측정 영역에 약한 아이들을 살펴보면 대부분 조작체험 활동이 부족하다. 어쩌면 그냥 길이 재는 방법만 알면 되지 굳이 여러 번 반복해서 시킬 필요가 있을까 하고 생각할지도 모른다.

하지만 길이를 열 번 재어 본 아이와 백 번 재어 본 아이는 분명히 다르다. 열 번 재어 본 아이보다 백 번 재어 본 아이가 측정 단위에 대한 감각이 훨씬 정확하게 형성되어 있다. 겨우 센티미터나 미터의 개념을 이해하는 아이에게 문제를 풀게 해서는 안 된다. 학년이 올라갈수록 커지는 단위를 머릿속에서 그릴 수 있어야만 문제를 풀 수 있다. 하지만 글로만 단위를 접한 아이들은 한계에 부딪히기 마련이다.

고학년일지라도 조작체험 활동을 소홀히 해서는 안 된다. 한번은 6학년 아이들에게 부피 개념을 이해시키기 위해 가로, 세로, 높이가 1cm, 10cm, 100cm인 정육면체를 각각 만들게 했다. 1cm, 10cm짜리 정육면체는 개인별로 만들게 하고 100cm짜리 정육면체는 6인 1조가 되어 만들어 보게 했다.

꼬박 서너 시간이 걸렸지만 누구 하나 지루해하는 아이가 없었다. 특히 가로, 세로, 높이가 100cm인 정육면체를 만들 때는 흥분의 도가니였다. 서로 머리를 맞대고 방법을 의논하고, 그리고, 오리고, 붙여 나갔다. 이윽고 모습을 드러낸 1인용 텐트처럼 생긴 정육면체를 보고는 너나없이 탄성을 질렀다. 다들 이렇게 클 줄 몰랐다며 감탄했다. 더구나 그 안에 물을 부으면 물의 무게가 1톤이 된다는 사실을 설명해 주자 믿기지 않는다는 반응이었다.

이 시간을 통해 아이들은 길이가 10배, 100배로 커질 때 부피는 10^3, 100^3으로 커진다는 사실을 깨달았으며 $1cm^3$와 $1m^3$의 차이가 얼마나 큰지 직접 체험할 수 있었다.

04

함수의 기초가 되는
'규칙성'

약점이 되기 쉬운 내용	-규칙 찾기 -7가지 문제 해결 전략 -서술형 문제 풀이법

"규칙을 찾아 다양한 풀이 전략을 세우는 연습을 해야 한다"

규칙성 영역은 생활 주변에 존재하는 다양한 현상을 탐구하는 데 중요할 뿐만 아니라 함수 개념의 기초가 된다. 중고등학교 때 가장 많이 배우는 내용이 바로 함수이다. 특히 고등학교 때는 사실상 80퍼센트 이상이 함수와 관련된 내용이다. 합성함수, 역함수, 분수함수, 유리함

| 학년 | 내용 |
| 학급별 규칙성 영역 내용 |

학년	내용
1학년	규칙적인 배열에서 규칙 찾기
2학년	물체, 무늬, 수 등의 배열에서 규칙 찾기 자신이 정한 규칙에 따라 배열하기
4학년	다양한 변화 규칙을 수나 식으로 나타내기 규칙적인 계산식의 규칙 찾기
5학년	한 양이 변할 때 다른 양이 종속하여 변하는 대응 관계 알기 □, △ 등의 식을 사용하여 식 나타내기
6학년	비의 개념 이해 비율을 분수, 소수, 백분율로 나타내기 비례식 이해 비례배분 알고 비례배분 하기

수, 무리함수, 지수함수, 로그함수, 삼각함수 등 함수 이름이 붙은 내용만 열거해도 숨이 찰 지경이다. 흔히 함수를 '고등 수학의 꽃'이라고 부르는 것도 이런 이유 때문이다. 함수를 모르면 중고등학교 수학은 포기해야 할지도 모른다.

초등학교의 규칙성 영역은 어렵지 않고 단원 비중도 높지 않기 때문에 조금만 신경 쓰면 쉽게 배울 수 있다. 하지만 상급 학교에 진학할수록 중요해지는 만큼 절대 소홀히 하면 안 된다.

개정 전 교육 과정에서는 '규칙성과 문제 해결'이란 영역으로 함수와 방정식 내용을 배웠다. 현행 교육 과정에서는 이 중 방정식 내용이 거의 빠지고 함수 내용만 배운다. 내용이 좀 더 쉬워지고 비중도 줄었다. 6학년 때 배우는 비나 비례식 내용 등을 제외하면 아이들도 크게 어렵지 않게 받아들인다. 다만 중고등학교에서 배우게 될 함수나 방정식을 대비해 철저하게 익히고 넘어가는 것이 좋다.

일상에 숨어 있는
규칙성을 발견하라

1학년 수학 교과서를 보면 다음과 같이 무늬를 보면서 규칙성을 발견하는 내용이 나온다.

이후 학년에서도 규칙성 영역을 배울 때면 이와 비슷한 규칙 찾기 활동이 강조된다. 왜 이렇게 규칙 찾기를 강조하는 것일까? 그것은 우리의 일상을 채우는 규칙성 때문이다.

아침, 점심, 저녁으로 이루어진 하루, 하루가 모여 1주일이 되고, 1주

일 네 번이 지나면 한 달이 되고, 한 달이 열두 번 지나면 1년이 된다. 모두 일정한 규칙성을 가진다. 이뿐만 아니라 달이 상현달이 되었다가 보름달이 되고 하현달이 되는 과정만 보아도 규칙성의 연속이다. 우리가 사는 자연과 일상은 이런 규칙성으로 구성되어 있다고 해도 과언이 아니다. 만약 규칙성이 잠시라도 사라진다면 세상은 혼란의 도가니가 될 것이다.

집에 있는 벽지만 보더라도 규칙성이 존재하며 물건을 싸는 포장지나 옷감 등에도 무수한 규칙성이 숨어 있다. 규칙이 없는 소리는 소음에 불과하지만 소리에 규칙성이 더해지면 아름다운 음악이 된다. 아름다운 그림에도 눈에 드러나는 규칙성부터 보이지 않는 황금율까지 규칙성이 숨어 있다. 규칙성은 미(美)와도 연관되는 것이다.

이렇듯 우리는 규칙성이라는 세계 속에서 살고 있다고 해도 과언이 아니다. 이런 이유 때문에 수학에서 규칙성을 배우는 것이다. 우리는 일상 주변에 얼마나 많은 규칙성이 있는지를 발견하고 앞으로 일어날 일을 예측할 수 있도록 배운다. 더 나아가서는 스스로 규칙을 만들고 그것을 통해 다양한 것을 그리거나 만들어 본다.

규칙성을 몸에 익히는 가장 좋은 방법은 일상생활 속에서 규칙을 발견하는 태도를 길러 주는 것이다. 예를 들어 신호등을 기다리며 신호등에는 어떤 규칙이 있는지 생각해 보거나, 아이와 같이 걸으면서 보도블록이 어떤 규칙으로 깔려 있는지 찾아보는 것이다. 또 옷 무늬에 어떤 규칙이 있는지 찾아볼 수도 있다.

다음은 실생활에서 찾아볼 수 있는 규칙성의 예들로, 이를 참조하여 집에서 다양하게 규칙성 발견 놀이를 해보자.

- 과일 단면이 어떤 규칙을 가지고 있는지 발견해 보기
- 보도블록이 어떤 규칙에 따라 배열되었는지 발견해 보기
- 가로수를 어떤 규칙에 따라 심었는지 발견해 보기(은행나무, 단풍나무, 은행나무, 단풍나무 등)
- 하루가 어떤 규칙으로 반복되는지 이야기해 보기(아침, 점심, 저녁 등)
- 계절이 어떤 규칙으로 반복되는지 이야기해 보기(봄, 여름, 가을, 겨울)
- 발걸음의 규칙 발견해 보기(왼발, 오른발, 왼발, 오른발)
- 꽃을 보면서 규칙 발견해 보기(꽃잎의 개수, 암술과 수술의 모습 등)
- 잎을 보면서 규칙 발견해 보기(잎맥의 모양, 이파리 개수나 모양 등)
- 피아노를 연주하며 건반의 규칙 발견해 보기

일상 속에서 이런 경험들을 많이 해볼수록 규칙을 찾아 문제를 해결하고 수학적으로 사고하는 데 큰 도움이 된다. 어떤 배움이든 우리의 실생활과 관련성이 높을수록 재미있고 쉽게 배울 수 있다.

아이의 수학적 사고력을
향상시키는 공부법

아이들은 문제집이나 학습지 등을 통해 수학 문제를 엄청나게 많이 푼다. 하지만 그렇게 많이 푸는데도 문제가 어떤 과정을 통해 해결되는지 잘 모르는 경우가 많다. 답 맞추기에만 급급하기 때문이다.

문제를 풀 때는 그 해결 과정에 주목해야 학습 효과를 얻을 수 있고 한 단계 높은 수학적 시각을 가질 수 있다. 아이에게 수학 문제의 풀이를 가르쳐 줄 때도 단순히 답만 지도하는 것이 아니라 문제 해결 과정에 입각해서 가르쳐야 아이의 수학적 사고력 향상을 도울 수 있다.

보통 수학 문제를 풀 때는 '이해→해결 계획→계획 실행→반성'이라는 네 단계를 거친다. 이 단계를 의식하든 의식하지 않든 혹은 수학을 잘하든 못하든 모두 이 단계를 거쳐 문제를 해결한다. 물론 수학을 잘하는 아이일수록 이러한 절차를 충실히 밟기 마련이다. 저절로 체득화

되어 있기 때문에 깨닫지 못할 뿐이다. 평소 이 단계에 입각해서 문제 푸는 습관을 가지면 수학을 잘할 수 있다.

그렇다면 어떻게 문제 해결 과정을 가르칠 수 있을까? 다음의 지도 예시를 활용하길 바란다.

▶ 이해

구해야 할 것, 주어진 것, 조건을 확인해야 한다. 부모는 다음 사항에 주의해서 지도해야 한다.

·문제에서 무엇을 요구하는지 혹은 무엇을 구해야 하는지를 묻는다.
·문제의 조건에서 주어진 자료와 조건 등에 대해 생각하게 한다.
·문제에 맞게 그림을 그려 보게 한다.

▶ 해결 계획

해결 방법을 모색한다. 부모는 다음 사항에 주의해서 지도해야 한다.

·이전에 이 문제와 똑같거나 유사한 문제를 풀어 본 경험이 있는지 떠올려 보게 한다.
·문제 해결에 필요한 수학적 성질이나 원리를 떠올려 다양한 전략을 세우게 한다.
·주어진 자료와 조건은 모두 사용했는지, 문제에 포함된 핵심 개념은

모두 고려했는지 점검하게 한다.

▶ 계획 실행

계획대로 문제를 푼다. 부모는 다음 사항에 주의해서 지도해야 한다.

·풀이 과정이 제대로 이루어졌는지 점검하게 한다.
·그 풀이 과정이 왜 옳은지 증명하게 한다.

▶ 반성

결과를 점검하고, 다른 문제 해결 방법을 찾아본다. 부모는 다음 사항에 주의해서 지도해야 한다.

·문제 해결 과정을 검토하게 한다.
·만약 풀이 결과가 틀렸다면 다른 해결 방법을 탐색하게 한다.

실제 문제를 통해 문제 해결 과정을 살펴보자.

Q 배가 12개 있습니다. 그중에서 몇 개를 먹었더니 7개가 남았습니다. 먹은 배는 몇 개입니까?

문제 해결 과정은 모든 단계가 중요하지만 이 문제의 경우 경중을 따지자면 두 번째 단계인 '해결 계획' 세우기 단계가 가장 중요하다. 문제 이해를 바탕으로 해결 전략을 세우는 단계로, 수학 실력의 차이가 극명하게 드러나는 과정이기도 하다. 수학을 못하는 아이들은 고작 한두 가지 전략을 세울 뿐이지만, 수학을 잘하는 아이들은 다양한 전략을 세운다. 이는 스스로 터득해야 하지만 옆에서 다양한 전략을 세울 수 있도록 도와줘도 괜찮다.

| 문제 해결 과정의 내용과 아이의 반응 |

문제 해결 과정	내용	아이 반응
이해	문제를 주의 깊게 읽는다.	문제를 주의 깊게 읽으면서 문제의 핵심 어휘 등에 주목한다.
	주어진 조건을 이해한다.	배가 12개 있었는데 지금은 7개가 남았다.
	구하고자 하는 바를 안다.	먹은 배는 몇 개인가?
해결 계획	문제에 맞는 문제 해결 전략을 세운다.	다양한 문제 해결 전략, 즉 그림 그리기, 식 만들기, 거꾸로 풀기, 규칙 찾기, 예상과 확인, 표 만들기, 단순화하기 등을 동원하여 문제 해결 계획을 세운다.
계획 실행	수립된 계획에 따라 문제를 해결한다.	·식을 세워서 풀기 12 - □ = 7 ·그림을 그려서 풀기
반성	풀이 과정을 점검한다. 풀리지 않는다면 다른 문제 해결 전략을 생각해 본다.	본인이 예측했던 답과 일치하는지 확인하고 계산 과정에서 잘못된 것은 없는지 점검한다.

7가지 문제 해결
전략을 익혀라

우리는 흔히 수학 문제를 푼다고 하면 식을 세워서 푸는 것만을 떠올리기 쉬운데, 이 역시 문제 해결 전략의 한 방법일 뿐이다. 문제 해결 전략은 아주 다양하다. 초등 과정에서 자주 등장하는 것은 그림 그리기, 식 만들기, 거꾸로 풀기, 규칙 찾기, 예상과 확인, 표 만들기, 단순화하기이다.

이 정도만 능수능란하게 활용할 줄 알아도 어지간한 수학 문제는 쉽게 풀 수 있다. 하지만 안타깝게도 수학 문제를 풀기 위해서는 식을 세워야 한다는 고정 관념에 사로잡혀 있는 아이들이 많다. 이러한 고정 관념은 문제를 풀 때 굉장히 제약된 방법만을 사용하게 하여 실력 향상을 저해한다. 생각의 유연함과 다양한 풀이 전략이야말로 수학의 필수 요소라고 할 수 있다.

다음은 대표적인 문제 해결 전략들로, 문제에 따라 적절한 전략을 사용하는 연습을 해야 한다.

▶ 식 만들기

무엇을 구해야 하는지 정확히 알아야 하며, 주어진 조건을 충분히 활용할 줄 알아야 한다.

> **Q** 배가 12개 있습니다. 그중에서 몇 개를 먹었더니 7개가 남았습니다. 먹은 배는 몇 개입니까?

이런 문제는 전형적으로 다음과 같이 식을 세워서 풀 수 있다.

식: _____ 답_____개

예를 들어 식을 이렇게 세워 풀 수 있다.

$12 - \square = 7 \quad \rightarrow \quad 12 - 7 = 5$

▶ 그림 그리기

한 문장씩 끊어서 생각할 수 있어야 한다. 또 글을 그림으로 표현하는 연습이 필요하다. 그림을 잘 그리는 것과는 별개의 문제이다.

Q 배가 12개 있습니다. 그중에서 몇 개를 먹었더니 7개가 남았습니다. 먹은 배는 몇 개입니까?

위와 똑같은 문제지만 다음과 같이 그림을 그려서 푸는 방법도 얼마든지 생각할 수 있다.

▶ 거꾸로 풀기

거꾸로 푸는 문제 형태에 익숙해지기 위해서는 아이에게 많은 예시 문제를 보여 줘야 한다. 이런 풀기가 가능한 문제는 대개 결과를 알려 주고 처음이나 중간값을 구하는 유형이 일반적이다.

Q 지영이는 사탕을 가지고 와서 신영이에게 16개, 수미에게 25개를 주고 나니 12개가 남았습니다. 처음에 가지고 온 사탕은 몇 개입니까?

이런 문제는 다음과 같이 거꾸로 생각해서 푸는 것이 좋다. 즉 역순으로 계산하면 쉽게 답을 구할 수 있다.

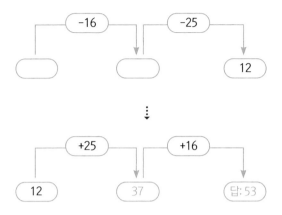

▶ **규칙 찾기**

주어진 문제의 조건들을 살펴보고 일정한 규칙을 찾아내는 문제 유형이 일반적이다. 가급적 다양한 문제를 통해 규칙성을 찾아내는 연습을 많이 해봐야 한다.

Q 다음 그림과 같이 바둑돌을 늘어놓고 있습니다. 다섯 번째에 오는 바둑돌은 몇 개입니까?

첫째	●●
둘째	●●●
셋째	●●●●●
넷째	●●●●●●●●

늘어나는 규칙을 찾아야만 다섯 번째에 오는 바둑돌 개수를 예측할 수 있다.

순차적으로 바둑돌이 한 개, 두 개, 세 개씩 늘어난 것을 알 수 있다. 따라서 다섯째에 올 바둑돌 개수는 12개이다.

▶ 예상과 확인

평상시에 결과를 먼저 예상하고 확인하는 습관을 길러 줘야 한다. 예를 들어 119 + 23와 같은 문제를 풀 때 정답을 약 140 정도라고 예상하고 접근하면 349처럼 엉뚱한 답을 쓰는 일은 없을 것이다.

Q 다음 빈칸에 2, 6, 14, 18을 한 번씩 넣어 가로, 세로에 있는 세 수의 합이 모두 같도록 하려고 합니다. 다음 ㉮, ㉯, ㉰, ㉱에 들어가는 수는 무엇입니까?

4	㉮	12
㉰	10	㉱
8	㉯	16

　이런 문제는 답을 먼저 예상하여 일일이 확인해 보는 수밖에 없다. 대단히 무식한 방법 같지만 의외로 아주 빠르고 정확하게 답을 찾을 수 있다.

　예를 들어 ㉮, ㉯, ㉰, ㉱에 아무 숫자나 넣어 보는 것이다. 이때 가로세로에 있는 세 수의 합이 모두 같다는 힌트가 있으므로, 제시된 숫자끼리의 합이 가장 큰 (12+㉱+16) 세로 수의 합을 기준으로 삼을 수 있다. 이를 통해 ㉱에 14나 18을 넣을 경우, 합이 너무 커져 다른 가로세로의 합과 같아질 수 없다는 점을 예측할 수 있다. 이런 식으로 ㉱에 적합한 숫자를 예측해 본 뒤, 이를 바탕으로 ㉮, ㉯, ㉰를 구하면 된다. 그 결과 ㉮는 14, ㉯는 6, ㉰는 18, ㉱는 2가 됨을 알 수 있다.

▶ **표 만들기**

　초등학교 수준에서는 주로 두 줄 정도의 표를 많이 만드는데, 문제의 조건을 읽고 독립변수(함수 관계에서 다른 수의 변화와 관계없이 독립적으로 변하는 수)와 종속변수(독립변수의 변화에 따라 변하는 수)를 정하는 연습을 해야 한다. 이는 이후에 함수를 공부할 때 많은 도움이 된다.

Q 어느 달의 7일은 첫째 주 일요일입니다. 넷째 주 일요일은 며칠 인지 알아보시오.

이 문제는 다음과 같은 표를 만들면 쉽게 답을 찾을 수 있다.

주(독립변수)	첫째 주	둘째 주	셋째 주	넷째 주
날짜(종속변수)	7			

첫째 주, 둘째 주 같은 주는 다른 수와 독립적으로 변하는 수로, 독립변수에 해당한다. 그리고 날짜는 주에 따라 변하므로 종속변수에 해당한다. 답은 아래처럼 28일임을 알 수 있다.

주(독립변수)	첫째 주	둘째 주	셋째 주	넷째 주
날짜(종속변수)	7	14	21	28

▶ 단순화하기

단순화하기 전략은 당장 주어진 문제는 어렵지만 숫자 단위 등을 아주 작게 단순화하면 어떤 규칙 등이 발견되어 쉽게 풀리는 문제 유형이다. 이런 문제에 해당하는 예시들을 많이 보여 줘 눈에 익힐 수 있도록해야 한다.

정사각형 모양의 화단에 꽃을 심으려고 합니다. 한 변에 99송이씩 꽃을 심는다면, 필요한 꽃은 모두 몇 송이입니까?

이런 유형의 문제는 문제를 단순화시켜서 생각할 필요가 있다. 같은 문제에 숫자만 다르게 생각해 보면 금세 규칙을 알 수 있다.

한 변에 5송이씩 심는다고 한다면 5×4-4=16으로 모두 16송이를 심을 수 있다. 이때 4를 빼는 이유는 꼭지점(각 귀퉁이)에 해당되는 4곳이 겹치기 때문이다. 같은 방식으로 한 변에 99송이씩 심는다면 99×4-4=392로 모두 392송이가 된다.

점수가 더 이상 오르지 않는다면
문제 이해력을 점검하라

문제 해결 과정에서는 문제 해결 전략 단계가 가장 중요하다고 했다. 하지만 문제 해결을 위해서는 무엇보다 문제를 잘 이해해야 한다. 문제를 이해하지 못하면 전략을 세울 수도 없거니와 문제를 잘못 이해하면 엉뚱한 전략이 나올 수밖에 없기 때문이다.

그런데 문제 이해는 수학 실력과는 무관하다. 이는 국어 실력에 의해 좌우된다. 간혹 수학을 좋아하는 데다 학원도 많이 다녀 능수능란한 문제 해결 전략을 구사하는 아이들 중에 90점이 한계인 아이들이 있다. 이런 아이들을 살펴보면 문제를 이해하는 힘이 부족한 경우가 많다.

6학년 중간고사 시험 감독을 할 때 이런 일이 있었다. 시험이 한창 진행 중인데 한 남자아이가 손을 들고 질문이 있다고 했다. 질문이 무엇이냐고 하니 '단면'이 무슨 말이냐고 묻는 것이었다. 답해 주기가 굉장히 곤란한 상황이었다. 왜냐하면 시험지에 다음과 같은 문제가 있었기 때문이다.

Q 원기둥을 그림과 같이 잘랐을 때, 단면의 모습을 그려 보시오.

다행히도 옆에 앉은 여자아이가 "야! 단면을 알려 주면 답을 알려 주는 거야." 하고 말해 곤란한 상황을 모면할 수 있었다. 그 남자아이는 결국 머리만 쥐어뜯다가 문제를 틀리고 말았다. 시험이 끝나고 단면이란 말의 뜻을 말해 주었더니 뜻만 알아도 맞출 수 있었던 문제라며 안타까워하던 모습이 눈에 선하다. 어휘력과 이해력이 부족해 벌어지는 이런 사례는 비일비재하다.

이처럼 어휘력과 이해력이 빈약한 아이들은 공식과 개념, 원리에 대해 아무리 정통해도 일정 수준 이상의 점수를 받지 못한다. 특히 서술형 문제에 상당히 취약하다. 최근 문제 유형이 서술형으로 바뀌고 있는 만큼 반드시 어휘력과 이해력을 길러 줘야 한다. 이를 위한 가장 좋은 방법은 바로 독서이다. 만약 아이의 점수가 낮다고 수학 학원을 보내야 하나 망설이고 있다면 먼저 책을 읽혀 보라고 권하고 싶다. 물론 독서력은 단기간에 쌓을 수 있는 것이 아니기 때문에 불안할 수도 있지만, 언젠가 수학 실력이 향상되는 원동력이 되어 줄 것이다.

이와 함께 바로 적용 가능한 방법을 알려 주자면, 서술형 문제에는 문제 자체에 힌트가 있는 경우가 많다. 특히 핵심 단어를 찾을 수 있어야 하는데, 다음 사칙연산을 나타내는 말들을 숙지하고 있다면 조금 더 쉽게 접근할 수 있다.

▶ 덧셈
더하다 / 합하다 / 전체 / 합계 / 전부 / 둘 다 / 함께 / ~만큼 늘어나다 / 모두 함께 / 결합하다

▶ 뺄셈
빼다 / 차 / 꺼내다 / ~보다 작은 / 남다 / ~만큼 작아지다 / 떠나다 / 잔돈 / 더 많은

▶ 곱셈
몇 배 / ~의 곱 / ~의해 곱하여진 / ~의

▶ 나눗셈
~의 나머지 / ~으로 나누다 / 분배하다 / 가르다 / 분할하다 / 부분 /

똑같이 나누다

이러한 표현들을 숙지해 가며 문제에서 필요한 말과 필요 없는 말을 구분해서 읽는 연습을 많이 하면 좋다.

Q 영수는 주머니에 일곱 개의 사탕을 가지고 있습니다. 그중에서 두 개를 먹었습니다. 사탕은 몇 개 남았나요?

위 문제를 읽을 때 다음처럼 핵심 정보에만 밑줄을 칠 수 있어야 한다.

영수는 주머니에 <u>일곱 개의 사탕</u>을 가지고 있습니다. 그중에서는 <u>두 개를 먹었습니다</u>. 사탕은 <u>몇 개 남았나요?</u>

이러한 훈련을 많이 하면 서술형 문제를 더 이상 두려워하지 않게 된다.

05

일상에서 배우는
'자료와 가능성'

약점이 되기 쉬운 내용	-확률 개념 -통계 과정과 단계 -자료를 보고 표로 정리하기

"확률과 통계의
기초를 다져야 한다"

개정 전 교육 과정에서는 자료와 가능성이 '확률과 통계'라는 이름으로 불렸다. 중고등학교와의 연계성을 생각할 때 영역명은 차라리 바꾸지 않았으면 더 좋았겠다는 아쉬움이 남는다.

조금 생소하기도 한 자료와 가능성 영역은 결국 확률과 통계의 기초 내용을 배우는 영역이라 할 수 있다. 자료의 수집, 분류, 정리, 해석은

| 학년별 자료와 가능성 영역 내용 |

학년	내용
2학년	생활 주변 사물들을 정해진 기준으로 분류하기 분류한 자료표로 나타내기 분류한 자료를 ○, ×, / 등을 이용하여 그래프로 나타내기
3학년	자료의 수집하여 간단한 그림그래프로 나타내기
4학년	자료를 보고 막대 그래프나 꺾은선그래프로 나타내기
5학년	평균 의미 알고 평균 구하기 사건이 일어날 가능성을 수로 표현하기
6학년	주어진 자료를 비율 그래프(띠그래프, 원그래프)로 나타내기

통계의 주요 과정이고, 어떤 사건이 일어날 가능성을 수치화하는 것은 확률의 기초가 된다. 자료와 가능성 영역은 초등 수학 중에서 그 비중과 중요도가 가장 낮다. 다른 영역에 비해 그 내용도 적을 뿐만 아니라 아이들이 쉽게 잘 받아들인다. 별로 크게 걱정하지 않아도 될 영역이라고 할 수 있다.

6년 동안 배우는 내용을 보면 분량도 그렇게 많지 않음을 알 수 있다. 다른 영역들이 한 학년마다 서너 단원씩 소개되는 것과 달리 이 영역은 배우지 않는 학년도 있고 한 학년에 한두 단원 정도만 다룬다.

2학년 통계를
잡아라

통계를 배우는 목적은 목적에 따라 자료를 수집하고 이를 분류, 정리하는 데 필요한 지식과 능력을 길러 남들이 한눈에 보기 쉽게 통계 자료를 만들어 내는 데 있다. 통계의 핵심은 '자료 수집→자료의 분류 및 정리→도식화' 과정으로, 2학년 때 맛보기로 배운다. 따라서 2학년 내용만 잘 배워 놓으면 이후 통계 영역은 크게 어렵지 않게 마칠 수 있다. 자료 수집→자료의 분류 및 정리→도식화 과정을 예시를 통해 설명해 보겠다. 아이들이 좋아하는 과일에 대해 조사한다고 하면 다음 과정을 거치게 된다.

▶ 자료 수집

가장 대표적인 자료 수집 방법으로는 사람들에게 설문지를 통해 묻는 '설문지법'과 직접 묻는 '면접법'이 있다.

▶ 자료의 분류 및 정리

자료 수집 내용을 바탕으로 표를 만들어 정리한다.

예) 사과 10명, 배 8명, 수박 7명, 바나나 5명, 기타 4명으로 조사되었다.

과일	사과	배	수박	바나나	기타	계
학생 수(명)	10	8	7	5	4	34

아이들은 표를 이용해 자료를 정리하는 것을 가장 어려워한다. 표 정리 방법은 2학년부터 6학년까지 배우는데 그 수준은 비슷하다. 6학년 중에도 표 만들기에 익숙하지 않은 아이들이 많다.

▶ 도식화

다른 사람들이 알아보기 쉽도록 정리한 자료를 그래프(막대그래프, 띠그래프 등)나 그림으로 도식화한다.

실생활과 통계를
접목하라

신문은 통계의 산 교과서라고 할 수 있을 만큼 정말 다양한 통계 자료가 실려 있다. 초등 수학에서 다루는 막대그래프, 꺾은선그래프뿐만 아니라 희귀한 그림그래프까지 다양하다. 아이와 함께 이런 그래프를 보면서 그래프 읽는 방법과 그래프의 장점에 대해 이야기를 나누면 좋다. 예를 들어 신문에 '어린이들이 좋아하는 음식'을 주제로 기사와 함께 그래프가 실려 있다면 이 그래프를 보면서 대화를 나누는 것이다. 무슨 음식을 좋아하는지, 글을 그래프로 바꿔 놓으니 무엇이 좋은지, 가로축과 세로축을 바꿔서 표시하면 어떻게 변하는지, 막대그래프가 아닌 꺾은선그래프로는 어떻게 나타낼 수 있는지 등 많은 이야기를 나눌 수 있다.

이런 과정을 통해 아이는 수학이 일상생활과 밀접한 관계가 있음을 깨닫는다.

2학년을 가르칠 때 강낭콩 관찰 일기를 써오라는 과제를 낸 적이 있다. 그러자 한 아이가 강낭콩의 키를 아래의 그림처럼 꺾은선그래프를 이용하여 알아보기 쉽게 정리해 왔다. 다른 아이들은 변화 과정을 쭉 나열하였고, 개중 몇몇이 표로 정리해 온 정도였다. 물론 엄마의 도움을 받았겠지만 일목요연하게 그래프를 사용해서 정리해 온 것이 기특했다.

아이는 이 과제를 통해 자료를 정리하여 그래프로 나타내는 법을 배울 수 있었다. 4학년에 배우는 꺾은선그래프 내용을 강낭콩 관찰 일기를 쓰면서 2학년 때 배우게 된 셈이다.

자칫 이 사례가 아직 배우지 않은 내용을 활용한 것을 칭찬하는 것처럼 느껴질지도 모르겠다. 여기서 말하고자 하는 요점은 아이에게 표와 그래프를 사용

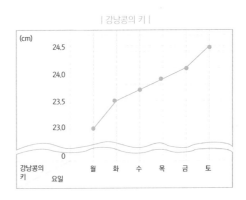

해서 자료를 정리해 두는 습관을 길러 주라는 것이다. 그러면 자연히 그래프 작성과 읽는 법에 익숙해져 자유자재로 사용할 수 있게 된다.

표나 그래프는 수학에서만 쓰이는 것이 아니다. 사회나 과학 과목 등에서도 자주 등장한다. 자료와 가능성 영역에서 잘 배워 놓으면 다른 과목을 배울 때도 큰 도움을 받을 수 있다.

3부

공부 유형별 수학 약점 18가지

구체적 사례를 통해
아이의 약점을 진단하고 처방하라

시험지를 채점하다 보면 정말 이해할 수 없는 실수들을 보게 된다. 제대로 문제를 풀어 놓고 엉뚱한 답을 쓰는 아이, 자신이 푼 문제에서 답을 찾지 못해 틀리는 아이, 글씨를 잘못 써 틀리는 아이 등 그 실수들은 가지각색이지만, 일반적으로 공통된 유형을 보인다.

이 장에서는 아이들이 자주 하는 실수부터 잘못된 공부 방식, 문제점을 통해 아이의 수학 약점을 잡을 수 있도록 도와주고자 한다. 그동안 꿈쩍하지 않는 아이의 수학 점수 때문에 고민했다면, 아는 것에 비해 시험 점수가 잘 안 나오는 아이 때문에 고민했다면 문제 해결의 실마리를 얻을 수 있을 것이다.

많은 부모들이 현재 모습에만 주목하여 아이를 몰아붙이는 실수를 범한다. 그럴수록 아이는 수학에 대한 자신감이 사라지고, 수학을 점점 기피하는 모습을 보인다.

앞으로 소개하는 다양한 사례를 통해 우리 아이에 대해 보다 잘 이해할 수 있을 것이다. 아이의 변화는 여기에서 시작된다. 아이가 왜 이런 행동을 하는지 그 이유를 알고 나면, 아이만의 문제가 아니었음을 깨닫고 꼭 필요한 도움을 줄 수 있다.

시험 볼 때마다
점수가 들쭉날쭉하는 아이

6학년 담임을 할 때 한 어머니가 고민을 상담해 온 적이 있었다. 아이의 수학 점수가 너무 들쭉날쭉한다는 것이다. 중간고사 때는 수학 점수가 좋더니 기말고사 때는 점수가 뚝 떨어졌다고 했다. 아이가 평소 덜렁거리는 성격도 아니고 공부도 꾸준히 하는데 점수 차이가 많이 난다며 고민을 토로했다.

아마 많은 부모가 이와 같은 문제로 고민할 것이다. 이런 고민은 수학 과목의 특성을 알면 일정 부분 해소된다.

수학 과목은 다른 과목에 비해 유달리 눈에 띄는 특징이 한 가지 있다. 그것은 바로 잘하는 아이와 못하는 아이의 점수 차가 크다는 점이다. 수학만큼 개인 간 점수 차가 크게 벌어지는 과목이 없다. 국어나 영어의 경우 아무리 잘하는 아이라도 100점을 받기는 힘들며 아무리 못하는 아이라도 50점 이하는 받기 힘들다. 하지만 수학은 다르다. 잘하는 아이들은 시험 문제가 어렵더라도 100점을 받는다. 하지만 못 하는 아이들의 점수는 하한선이 없다. 어려울수록 하한선은 0점에 근접한다.

수학의 또 한 가지 특징은 아이에 따라서 매번 점수 차가 크게 벌어진다는 점이다. 시험 때마다 비슷한 점수를 받아오는 아이도 있지만 그렇지 않은 아이도 있다. 중간고사에서는 수학 점수가 96점이었던 아이가 기말고사에서는 76점을 받아오는 식이다.

이런 아이를 보면서 부모는 굉장히 당황스럽다. 어느 것이 진짜 실력인지 의심스러울 뿐만 아니라 원인을 몰라 답답하다.

🔍 항상 일정한 점수를 받지 않는 원인

아이들의 수학 점수가 들쭉날쭉하는 원인은 몇 가지로 나눠 볼 수 있는데, 원인별로 해법도 다르다.

▶ 시험 난이도를 체크한다

시험 난이도는 수학 점수가 변화하는 가장 큰 원인이다. 수학은 다른 과목보다 난이도의 영향을 많이 받는다. 최상위권 아이들은 그렇지 않지만 중위권이나 중상위권 아이들은 타격이 크다. 이런 아이들은 보통 중간고사나 기말고사에서는 좋은 점수를 받지만 수학 경시대회에서는 그렇지 못하다.

시험 난이도에 따라서 영향을 많이 받는다는 것은 기본 실력은 잘 갖추었으나 응용문제 등을 어려워한다는 의미이다. 따라서 평소에 수준 높은 문제집을 하루에 한 쪽씩 풀게 하여 응용 및 심화 문제를 극복할 수 있도록 도와야 한다.

특히 여자아이들이 이러한 경향을 보인다. 언뜻 생각하면 여자아이들이 남자아이들에 비해 성실하기 때문에 점수의 낙폭이 크지 않을 것 같은데 현실은 그 반대이다. 여자아이들이 난이도에 영향을 많이 받는 것은 특성 때문인 듯하다. 남자아이들은 모르는 문제가 나오면 특유의 도전 정신이 발동하는 반면, 여자아이들은 당황하여 회피하려고 한다.

게다가 여자아이들은 시험에 대해 느끼는 불안감이 더 크다. 심리적인 영향으로 실력 발휘를 제대로 못하는 것이다. 이런 아이들은 시험 전후로 관리가 필요하다. 예를 들어 시험 전에 지나치게 스트레스를 주거나 시험 후에 점수로 혼을 내면 시험에 점점 더 심한 불안함을 느끼게 된다. 부모의 세심한 배려가 필요한 부분이다.

▶ 아이의 학년을 체크한다

점수 차는 학년에 의해서도 발생한다. 저학년일수록 시험 점수의 변동이 크다. 6학년 아이들에게 수학 100점과 80점의 차이는 매우 크다. 점수 이상의 실력 격차가 벌어져 있을 확률이 높다. 하지만 1, 2학년 때는 100점과 80점의 차이가 생각만큼 크지 않다. 나이가 어리다 보니 그때그때 기분이나 몸의 컨디션에 많은 영향을 받기 때문이다. 따라서 아이가 아직 어리다면 시험 점수에 일희일비할 필요가 없다.

▶ 문제의 출제 영역을 체크한다

수학은 앞에서 살펴보았듯이 총 5개의 영역으로 구성되어 있다. 그 중 수와 연산 영역과 도형 영역이 가장 많은 내용을 차지한다. 아이에 따라 강한 영역과 약한 영역이 있기 마련인데, 시험별로 특정 영역의 문제가 치중되는 경우가 있다. 이런 경우 아무래도 아이가 좋아하거나 잘하는 영역에서 문제가 많이 출제되면 좋은 점수를 받을 수밖에 없다.

이것은 수학 시험지를 통해 쉽게 체크할 수 있다. 오답을 확인했을 때 특정 영역에 치우쳐 있다면 그것이 바로 아이의 약점 영역이다. 이 뿐만 아니라 평소 특정 단원을 유독 싫어한다면 그 단원과 관련된 영역이 약점일 확률이 높다.

이런 아이들은 그 영역을 집중 공부하여 문제를 해결해야 한다. 그렇지 않으면 그 부분뿐만 아니라 그 부분으로 인해 다른 영역에서도 문제가 생길 수 있다. 수학 자신감이 낮아져 평소 자신이 잘하던 영역에서도 실력 발휘를 못하게 될 우려가 있는 것이다.

▶ 환경 변화를 체크한다

아이의 수학 점수 낙폭의 원인을 환경 변화에서도 찾아볼 수 있다.

예를 들어 학원을 옮겼을 때도 시험 점수가 오르거나 반대로 떨어질 수 있다. 만약 후자의 경우라면 아이에게 그 학원이 맞지 않다는 뜻일 수 있으니 유심히 살펴야 한다. 과외 선생님이나 학습지 선생님의 변화도 아이에게는 큰 환경 변화에 속하니 세심한 관찰이 필요하다.

사춘기에 접어든 고학년의 경우 교우 관계에 의해 점수 낙폭이 커지는 것을 쉽게 목격할 수 있다. 친구와 사이가 좋지 않거나 사춘기 고민이 늘어나면 점수가 떨어질 수밖에 없다.

이처럼 아이가 시험 때마다 점수 변화가 극심한 이유는 다양하다. 중요한 것은 무엇이 문제인지를 정확히 파악하여 해결해 주는 것이다. 만약 문제를 방치한다면 이후 수학 점수를 올리는 데 큰 걸림돌이 된다.

자신의 풀이에서
답을 찾지 못하는 아이

시험지를 채점하다 보면 종종 시험지와 아이의 얼굴이 오버랩된다. 시험지가 주인을 쏙 빼닮았기 때문이다. 잠깐 40분 동안 아이 손을 거쳐 나왔을 뿐인데 시험지가 주인을 꼭 닮아서 나온다. 이런 것을 보면 아이들이 시험을 치르는 것이 아니라 파티쉐가 빵을 굽듯 40분 동안 시험지를 굽는 듯하다. 어떤 아이는 노릇노릇 맛있게 구워 내지만, 어떤 아이는 완전히 태우고, 또 어떤 아이는 설익은 상태로 만든다. 처음에는 다 똑같은 시험지였지만, 40분 동안 아이의 손을 거치면서 주인을 닮은 시험지가 탄생한다.

채점할 때 가장 눈에 띄는 것 중에 하나가 시험지의 '난잡도' 정도이다. 어떤 아이들은 깨끗하게 정리되어 문제가 풀어져 있는데 반해 어떤 아이들은 보기가 힘들 정도로 지저분하다. 그런데 묘하게도 후자

아이들의 수학 점수가 상대적으로 별로 좋지 못하다.

시험지 상태는 성별, 성격과 밀접한 관련이 있다. 주로 여자아이보다 남자아이, 침착한 아이보다 활달한 아이의 시험지가 지저분하다. 시험지가 지저분한 것은 나쁘고, 잘 정리된 것은 좋다는 이분법적인 논리로 받아들여서는 안 된다. 다만 시험지가 너무 지저분할 경우 이것이 약점이 될 확률이 높다는 사실을 알아야 한다.

일단 시험지가 지저분하면 검산 자체가 불가능하다. 수학에서 연산만큼 중요한 것이 검산이다. 검산을 통해 자신의 연산에서 틀린 점이 있는지 확인해야 하는데, 정리를 잘 해가며 문제를 푸는 아이들은 풀이 과정

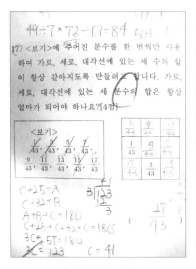

| 잘 정리된 시험지 |

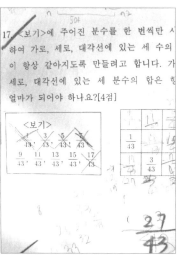

| 지저분한 시험지 |

이 일목요연하게 드러나기 때문에 검산할 때 수월하다. 하지만 시험지 여백을 찾아 아무 곳에나 문제를 푼 아이들은 검산을 위해 다시 연산을 해야 한다. 게다가 글씨도 날려 쓰는 경우가 많아 자신이 어떻게 문제를 풀었는지 확인하기 어렵다. 당연히 연산 과정에서 실수할 확률이 높아진다.

또한 시험지가 너무 지저분하면 채점자가 좋은 점수를 주지 않는다. 요즘에는 풀이 과정을 적어야 하는 서술형 평가 문제가 많아지는 추세이다. 결과도 중요하지만 그 결과가 나오기까지의 과정이 제대로 되었는지를 평가하는 것이다. 정답이어도 풀이 과정이 엉터리면 좋은 점수를 받기 어렵다. 반대로 오답일지라도 풀이 과정이 맞으면 부분 점수를 받을 수 있다. 이것이 요즘 수학 시험의 특징이다.

아이의 기질상 깨끗하게 정리하며 푸는 방식이 안 맞을 수도 있다. 하지만 '질서와 체계 습득'도 수학의 학습 목표인 만큼 가급적 처음부터 깨끗하게 문제를 푸는 습관을 들이는 것이 좋다.

이를 위한 가장 좋은 방법은 문제 풀이 공책을 만드는 것이다. 문제를 풀 때 시험지나 문제집의 빈 공간을 활용하는 것이 아니라 별도의 공책을 사용하는 것이다. 풀이 과정을 체계적으로 정리하는 습관을 들이는 데 도움이 된다. 또 오답이 나온 이유를 분석할 때도 많은 도움을 받을 수 있다.

동그라미나 네모 표시로 문제를 풀 수 있는 공간을 한정 지어 그 안에서만 풀게 하는 방법도 좋다. 처음에는 굉장히 답답해하지만 점차 익숙해지면서 정리하며 푸는 습관을 들일 수 있다.

무엇보다 평소 생활 습관이 문제 풀이 할 때도 나오는 만큼 자기 방이나 책상을 스스로 정리하는 습관을 가져야 한다. 사소해 보이는 일상 습관이 공부에 직접적인 영향을 미친다는 것을 명심해야 한다.

매번 연산 실수를
하는 아이

　아이들에게 가장 아깝게 틀린 문제를 꼽으라고 하면, 사소한 연산 실수로 틀린 경우일 것이다. 어려운 문제도 잘 이해하여 식도 잘 세웠는데 아주 간단한 실수로 문제를 틀렸을 때의 안타까움이란 말로 다 형언하기 어렵다.

　부모 역시 아이가 간단한 연산 실수로 문제를 틀려 오면 대단히 속상하다. 왜 틀렸냐고 물으면 아이들은 대부분 실수였다고 답한다. 그러면 부모는 정신을 어디에 두고 문제를 풀었냐며 다음부터는 정신 바짝차리라고 잔소리한 후 넘어간다.

　하지만 연산 문제는 단순 실수로 틀리는 경우도 있지만 연산 원리 자체를 몰라 틀리는 경우도 종종 있다. 만약 아이가 연산 실수가 잦다면, 그 원인을 꼼꼼히 체크해 볼 필요가 있다.

아래의 사진은 3학년 아이들의 수학 시험지이다. 두 아이 모두 19×8이라는 아주 간단한 곱셈 문제를 틀렸다. 왼쪽 아이는 받아올림을 제대로 처리하지 못한 전형적인 연산 실수를 했다. 계산 원리를 모르는 것이 아니라 순간 실수를 한 것이다. 하지만 오른쪽 아이는 실수가 아니라 곱셈의 계산 원리 자체를 모르고 있다. 왼쪽 아이는 다음 시험에서 정신만 차리면 맞을 수 있지만 오른쪽 아이는 아무리 정신을 차린다 하더라도 곱셈의 원리를 모르기 때문에 나아지지 않는다.

오른쪽 아이처럼 연산 알고리즘 자체가 잘못 형성되어 틀리는 경우를 제외하면 대부분의 연산 실수는 집중력과 관련이 있다. 아이들의 집중력은 매우 짧기 때문에 40분 동안 계속 집중하는 것은 불가능하다. 저학년 아이들이 연산 실수를 더 많이 하는 것도 이 때문이다. 하지만 사소한 실수라고 해도 그대로 방치하면 안 된다. 이는 중고등학교 수학에서 치명적인 약점이 될 수 있기 때문이다. 연산 실수를 줄이는 방법은 다음과 같다.

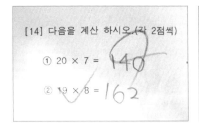 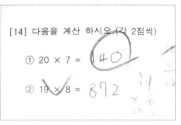

| 두 아이가 같은 문제를 틀렸지만 틀린 원인은 다르다 |

▶ 어림셈을 한 후 계산하게 한다

개정 수학에서 보다 강조하고 있는 것이 바로 어림셈이다. 어림셈은 복잡한 계산을 빠르게 할 수 있게 도와주고 오답 확률을 줄여 주는 효과가 있다. 앞에서 아이가 틀린 19×8을 예로 들어 설명해 보겠다. 어림셈은 말 그대로 대충 어림잡아 계산하는 것이다. 문제의 수를 자신이 계산하기 편한 수로 바꿔서 계산하면 된다. 19를 20으로 바꿔서 계산하면 160이 나온다. 이렇게 어림셈으로 계산을 먼저 해본 후 접근하면 실수를 하더라도 금세 발견할 수 있다는 장점이 있다.

▶ 검산 습관을 기른다

검산은 습관 들이기 나름이다. 수학을 못하는 아이일수록 검산을 하지 않는 특징이 있다. 이런 아이들은 시험 시간이 많이 남았음에도 불구하고 엎드려 자거나 멍하니 시간만 허비한다. 물론 시험에 자신 있어서가 아니다. 반면에 수학을 잘하는 아이일수록 문제를 다 풀고도 남은 시간 동안 문제를 점검하고 검산하느라 여념이 없다.

아무리 실수 없이 완벽하게 푼 것 같아도, 자신도 모르게 실수하기 마련이다. 따라서 반드시 검산하는 습관을 길러 줘야 한다.

▶ 연산 훈련을 꾸준히 한다

연산 훈련은 속도뿐 아니라 실수 개선에도 효과적이다. 특히 연산 실수가 잦은 아이들은 속도보다 정확도에 집중하여 연산 훈련을 시키면 더욱 효과를 볼 수 있다. 자세한 연산 훈련법은 2부 '수와 연산' 편에서 소개해 놓았다. 다시 한 번 읽어 보길 바란다.

🔍 다 똑같은 계산 실수가 아니다

우리가 계산 실수라고 하는 오류는 세 단계로 분류된다.

먼저 '일회성 오류'이다. 이것은 구구단을 거꾸로도 줄줄 외우는 아이가 시험에서 7×8=□와 같은 문제에 46과 같이 엉뚱하게 답한 경우이다. 이런 것이야말로 진정한 실수의 범주에 속한다. 초등학생들은 이런 오류가 잦다. 일회성 오류는 부모의 반응이 중요하다. 아이가 실수를 했을 때 혼내기보다 "누구나 실수할 수 있어. 괜찮아." 하며 격려해 줘야 이러한 오류를 줄일 수 있다.

그런데 이런 일회성 오류가 한 시험지에서 2회 이상 나타나는 경우에는 '유의미한 오류'라고 할 수 있다. 단순히 실수로 보아 넘기기에는 석연치 않은 구석이 있다. 이러한 유의미한 오류가 반복적으로 나타나는 경우 이는 '반복적 오류'라고 한다. 이런 경우는 연산 알고리즘상의 문제일 확률이 높다. 유의미한 오류와 반복적 오류는 반드시 대책을 강구해야 한다. 그렇지 않을 경우 수학의 치명적인 약점이 될 수 있다.

다음에서 아이들이 가장 어려워하는 분수와 소수의 대표적인 오류 유형을 소개하고자 한다. 여기서 소개하는 오류 유형들은 단순 실수가 아니라 개념이나 연산 알고리즘상 문제가 있는 경우이므로 세세한 보충이 필요하다.

이 내용은「초등학교 6학년 학생들의 분수와 소수 연산에 나타나는 오류 유형 분석(권오남 외)」이라는 논문에서 일부 내용을 참고했음을 밝힌다.

| 분수 계산의 오류 유형 |

	내용	오류 예시	올바른 예
대분수 변환 오류	가분수를 대분수 꼴로 고칠 때 발생하는 오류	$\dfrac{44}{4} = 10\dfrac{4}{4}, \ \dfrac{3}{1} = 3\dfrac{1}{3}$	$\dfrac{44}{4} = 11, \ \dfrac{3}{1} = 3$
가분수 변환 오류	대분수를 가분수 꼴로 고칠 때 발생하는 오류	$3\dfrac{1}{4} = \dfrac{1}{12}, \ 2\dfrac{2}{9} = \dfrac{11}{9}$	$3\dfrac{1}{4} = \dfrac{13}{4}, \ 2\dfrac{2}{9} = \dfrac{20}{9}$
통분 오류	분모가 다른 분수의 덧·뺄셈을 할 때 통분하는 데서 오는 오류	$3\dfrac{1}{4} - 2\dfrac{1}{5} = \dfrac{13}{4} - \dfrac{11}{5} =$ $\dfrac{13}{20} - \dfrac{11}{20} = \dfrac{2}{20} = \dfrac{1}{10}$	$3\dfrac{1}{4} - 2\dfrac{1}{5} = \dfrac{13}{4} - \dfrac{11}{5} =$ $\dfrac{65}{20} - \dfrac{44}{20} = \dfrac{21}{20} = 1\dfrac{1}{20}$
약분 오류	분모와 분자를 그들의 공약수로 나누는 약분 과정에서 발생하는 오류	$12 \times \dfrac{4}{7} = 3 \times \dfrac{1}{7}$	$12 \times \dfrac{4}{7} = \dfrac{48}{7} = 6\dfrac{6}{7}$
역수 오류	분수의 나눗셈에서 제수를 반대로 뒤집어, 역수를 곱해 답을 구하는 과정에서 발생하는 오류. (가장 빈번하게 발생)	$8 \times \dfrac{17}{12} = \dfrac{1}{8} \times \dfrac{17}{12}$ $12 \div \dfrac{4}{7} = \dfrac{1}{12} \times \dfrac{7}{4}$	$8 \times \dfrac{17}{12} = \dfrac{34}{3} = 11\dfrac{1}{3}$ $12 \div \dfrac{4}{7} = 12 \times \dfrac{7}{4} = \dfrac{48}{7} = 6\dfrac{6}{7}$

		오류 예시	올바른 예
덧·뺄셈 오류	분수의 덧·뺄셈에서 분자는 분자끼리 분모는 분모끼리 연산하는 오류	$\dfrac{8}{3} - \dfrac{5}{2} = \dfrac{3}{1}$	$\dfrac{8}{3} - \dfrac{5}{2} = \dfrac{16}{6} - \dfrac{15}{6} = \dfrac{1}{6}$
분수 구성 오류	분수의 의미를 제대로 이해하지 못하고, 자연수와 분수의 상호 관계를 인식하지 못하는 오류	$2\dfrac{4}{6} - 2\dfrac{3}{6} = 2\dfrac{1}{6}$ $2\dfrac{2}{3} - 2\dfrac{1}{2} = 2\dfrac{1}{1}$	$2\dfrac{4}{6} - 2\dfrac{3}{6} = \dfrac{1}{6}$ $2\dfrac{2}{3} - 2\dfrac{1}{2} = \dfrac{1}{6}$
계산 순서 오류	혼합 계산 시 괄호 먼저 계산하고 ×, ÷ 다음에 +, −를 나중에 계산하는 순서를 몰라서 하는 오류	$(3\dfrac{1}{4} - 2\dfrac{1}{5}) \times 2\dfrac{2}{9}$ 를 $3\dfrac{1}{4} - (2\dfrac{1}{5} \times 2\dfrac{2}{9})$ 로 계산	$(3\dfrac{1}{4} - 2\dfrac{1}{5}) \times 2\dfrac{2}{9}$ $= \dfrac{21}{20} \times 2\dfrac{2}{9}$

| 소수 계산의 오류 유형 |

	내용	오류 예시	올바른 예
분수 변환 오류	소수를 분수로 고쳐서 풀거나 분수로 고쳐 풀어 나온 답을 다시 소수로 고칠 때 발생하는 오류	$48.6 = \dfrac{486}{100} ,\ 5.16 = \dfrac{516}{10}$	$48.6 = \dfrac{486}{10} ,\ 5.16 = \dfrac{516}{100}$
자연수 지배 오류	소수를 자연수처럼 인식하는 데서 오는 오류. 소수의 기본적 자리값이나 크기 등 기본 개념을 잘 이해하지 못하여 발생	561−45.132를 모두 자연수처럼 취급하여 110.32로 답하는 경우	$561 - 45.132 = 515.868$
자릿값의 오류	소수점을 중심으로 줄을 맞추어 쓰지 않아 자릿값에 따라 계산하지 않는 오류. 소수 계산의 알고리즘을 무시하는 오류	$\begin{array}{r} 23.5 \\ +\ 0.7 \\ \hline 30.5 \end{array}$	$\begin{array}{r} 23.5 \\ +\ 0.7 \\ \hline 24.2 \end{array}$

소수점 오류	계산 과정에서 소수점은 잘 맞추었지만 계산 결과에 잘못 소수점을 찍는 오류	23.5 + 0.7 24.12	23.5 + 1.7 25.2
자연수 계산 오류	받아내림이나 받아올림과 같은 자연수의 사칙연산 실수에 의한 오류	14.6-5.003=11.603	14.6-5.003=9.597
계산 순서 오류	혼합 계산 시 괄호 먼저 계산하고 ×, ÷ 다음에 +, -를 나중에 계산하는 순서를 몰라서 하는 오류	$5.16 \times 1.5 + 0.4 \div 0.025$를 순서대로 계산하기	$5.16 \times 1.5 + 0.4 \div 0.025$ $7.74 \times 16 = 123.74$

학년이 올라가면서
수학을 싫어하는 아이

저학년 때는 수학을 좋아하고 잘하던 아이가 학년이 올라갈수록 점점 수학을 싫어하고 성적이 뚝뚝 떨어지는 경우가 있다. 언젠가 한 5학년 아이가 "수학아! 1,000명 중 996명이 너를 싫어할 텐데 왜 태어난 거니?"라고 적은 것을 보았다. 이 아이의 말처럼 대다수 아이들의 미움을 받는 것이 수학의 운명인지도 모르겠다.

고학년으로 올라갈수록 수학을 싫어하고 어려워하는 것은 몇몇 아이들에게만 국한된 이야기가 아니다. 대다수 아이들이 수학으로 인한 어려움을 호소한다. 통계에 의하면 10퍼센트 정도의 아이들만 선천적으로 수학을 좋아한다고 한다. 나머지 90퍼센트 아이들은 좀처럼 수학을 좋아하기 어렵다.

아이들이 수학을 어려워하고 싫어하는 이유는 수학 과목의 특성과 관련이 깊다. 수학은 가장 추상적인 기호의 학문이다. 학년이 올라갈수록 점차 수학적 기호와 수식이 늘어난다. 만약 저학년 아이들에게 6학년이 배우는 2:3 = 4:6과 같은 비례식을 보여 준다면 이해할 수 있을까? 당연히 이해하지 못할 것이다. 비(:)라는 추상적인 기호를 이해하지 못하기 때문이다. 더욱이 수학은 한 치의 실수나 오차도 인정하지 않는 정확한 학문이다. 아이들은 어른에 비해 정확하거나 치밀하지 못하다. 당연히 정확성을 요구하는 수학을 좋아하기 어렵다.

반복해서 강조해 온 탓에 이미 잘 알겠지만 수학 과목의 주된 특성 중 하나는 위계성이다. 위계성은 쉽게 말해 앞에서 배운 개념을 뒤에서 다시 배우게 되는 것을 말한다. 예를 들어 초등 1학년 때 '두 자리 수의 덧셈'을 배운 후 2학년 때는 '세 자리 수의 덧셈'을 배우게 되는 식이다. 두 자리 수의 덧셈을 못하는 아이가 세 자리 수의 덧셈을 잘할 수는 없다. 이처럼 수학은 다른 과목에 비해 유독 위계성이 강하다. 아래 단계의 개념 원리를 제대로 학습하지 않으면 다음 상위 단계의 개념 원리 이해는 꿈도 못 꾼다. 어떤 단계에서 한 번 포기해 버리면 이후 단계 역시 계속 포기해야 하는 악순환이 반복되는 것이다.

수학의 철저한 위계성은 수학 공부를 할 때 어떻게 공부해야 하는지 알려 준다. 수학을 공부할 때는 '완벽해질 때까지 반복한다'는 공부 자세가 필요하다. 그냥 대충 알고 넘어가면 반드시 나중에 낭패를 볼 수 있는 것이 바로 수학이다.

이밖에도 환경적인 요인으로 수학이 싫어지기도 한다. 가장 큰 원인은 부모의 갑작스러운 손 떼기이다. 엄마표로 아이의 공부를 봐주던 부모도 아이가 고학년이 되면 혼자 공부해야 한다는 생각에 아이에게 전적으로 맡긴다. 사실 수학만큼 자기 주도 학습이 필요한 과목도 없다. 자기 주도적으로 학습할 수 있어야만 수학을 잘할 수 있다. 그런데 자기 주도 학습 습관이 형성되지도 않은 아이에게 '이제 고학년이 되었으니 네가 알아서 해'라는 식의 태도는 곤란하다. 자기 주도 학습 능력을 갖추지 못한 아이는 고학년일지라도 부모의 관리가 필수이다.

교사의 지루한 수업 방식도 수학을 싫어하게 만드는 원인이 된다. 그렇다고 해도 아이가 교사의 지도 방식에 대해 불만을 쏟아 낼 때, 부모가 같이 맞장구를 쳐서는 안 된다. 자신의 생각이 맞다는 확신을 가진 아이는 수학 수업에 소홀해질 수 있다. 그렇게 되면 해당 학년의 수학 학습에 구멍이 생긴다. 따라서 아이가 교사와 맞지 않아 수학을 싫어하게 된다면 다른 방법을 강구해서라도 해당 학년의 수학에 구멍이 발생하지 않도록 관심을 가져야 한다.

수학에 대한 흥미를 잃어버린 아이라면 수학 캠프에 보내는 것도 좋은 해결책이 될 수 있다. 다양한 조작체험 놀이로 수학을 배우기 때문에 잊고 있었던 수학의 재미를 다시 느끼며 맹목적으로 암기했던 개념과 원리를 깨달을 수 있다.

특정 단원을
유독 어려워하는 아이

앞서 몇 차례 언급했지만 초등 수학에서 가장 많은 비중을 차지하는 영역은 수와 연산 영역이다. 그다음으로 많은 비중을 차지하는 영역이 도형 영역이다. 흥미로운 점은 이 두 영역 간의 시험 점수 차이가 많이 나는 아이들이 있다는 것이다. 수와 연산 영역을 다룬 시험에서는 점수가 굉장히 높은데 도형 영역을 다룬 시험에서는 점수가 낮은 아이들이 있는가 하면 그 반대인 경우도 있다. 이런 아이들이 한 반에 서너 명 정도는 꼭 있다.

그 이유는 무엇일까? 단순히 공부를 열심히 했느냐 안 했느냐의 문제일 수도 있지만 대부분의 원인은 뇌 구조의 차이에서 찾을 수 있다. 수학은 영역별로 사용하는 뇌 부위가 다르기 때문에 뇌 발달에 따라 좋아하는 영역이 달라진다. 좌뇌가 발달한 아이는 논리성, 추론 능력, 기호, 계산, 언어 분석에 뛰어나다. 그로 인해 수와 연산, 규칙성, 자료와 가능성 영역에서 강세를 보인다. 반면에 우뇌가 발달한 아이는 대체로 예체능에 강하며 공간 인식과 직관력이 뛰어나다. 그로 인해 도형, 측정 영역에 강하다.

일반적으로 초등학생 아이들은 좌뇌와 우뇌 발달의 차이가 적어 영역별 능력 차이가 크지 않다. 하지만 간혹 특정 영역에 약한 아이들이 있는데 이는 나무랄 것이 아니라, 아이의 특성을 이해하는 기회로 삼아야 한다.

초등 수학처럼 수준이 높지 않고 수와 연산 영역의 비중이 높은 초등 수학은 좌뇌가 발달한 아이들이 유리하다. 하지만 중고등학교로 갈수록 우뇌의 능력이 많이 요구된다. 복합적이며 창의적인 사고가 필요해지기 때문이다.

현재 학교 교육은 좌뇌 발달 교육에 많이 치우쳐 있다. 부모가 신경 쓰지 않는다면 우뇌를 발달시키기 힘들다. 다양한 오감 놀이와 예체능 활동을 통해 우뇌에 적극적으로 자극을 줘야 한다. 이는 고학년 때도 마찬가지이다. 의식적으로 이런 교육을 시키려고 하기보다 그냥 마음껏 뛰어놀게 하다 보면 저절로 우뇌는 발달한다. "아이들은 놀면서 큰다."라는 말은 놀면서 자연스럽게 우뇌 발달이 이루어지는 것을 일컫는 말인지도 모를 일이다.

수학 교과서는 보지 않고
문제집만 풀려고 하는 아이

수학 교과서는 대충 보거나 잘 보지 않으면서 수학 문제집이나 학원 교재만 파고드는 아이들이 있다. 수학은 문제를 많이 풀어 보아야 하니 이 공부 방식도 일견 맞는 듯하다. 하지만 이는 밥은 제대로 먹지 않고 간식만 많이 먹는 것과 비슷하다. 정작 필요한 영양소와 에너지를 공급받지 못하고 있는 것이다. 이렇게 공부하는 아이들은 수학 허약 체질이 되기 쉽다.

이렇게 수학 교과서의 중요성에 대해 강조하는 것은 다른 어떤 문제집이나 교재보다 잘 구성되어 있기 때문이다. 특히 개념과 원리 중심으로 공부하기에 알맞게 구성되어 있다. 문제집이나 학원 교재도 결국은 수학 교과서를 모체로 태어난 아류작들에 불과하기 때문에 교과서의 한계를 뛰어넘기는 힘들다. 교육 과정이 개정될수록 수학 교과서는 기본 개념 원리에 충실하게 내용 구성이 바뀌고 있다.

문제집 위주로 공부를 하면 개념 및 원리 학습에 소홀해진다. 대부분의 문제집들이 결과에 치중하여 다양한 문제를 풀도록 하기 때문이다. 특히 수학 실력이 중위권인 아이들은 가급적 교과서로 공부하는 것이 좋다. 중위권 아이들이 상위권 아이들에 비해 약한 점이 바로 개념과 원리이기 때문이다.

많은 부모가 방학이 되면 아이의 부족한 수학 점수를 올리기 위해 수학 학원을 전전하거나 더 많은 수학 문제집을 풀게 하느라 바쁘다. 만약 아이가 수학에 약하다면 교과서를 통달하는 기회로 삼길 바란다. 이미 배운 것은 복습하는 효과가 있고 아직 배우지 않은 부분은 예습하는 효과가 있어 수업에 대한 불안함도 없애고 이해도도 높일 수 있다.

교과서를 제대로 활용하기 위해서는 교과서의 구성을 잘 알아야 한다. 초등학교 수학 교과서는 기본적으로 수학 교과서와 수학 익힘책, 두 가지로 구성되어 있다.

다음은 수학 교과서의 구성 체제이다. 수학 익힘은 학생들이 학습 결과를 점검해 보는 워크북으로 활용하도록 구성된 보조 교재라고 할 수 있다. 수학 교과서가 주교재이기 때문에 교사에 따라 수학 익힘을 군데군데 빼먹고 지나가는 경우도 있다. 그러나 이것은 지도하는 교사가 잘못하고 있는 것이 아니라는 점을 알아야 한다. 개념과 원리 중심으로 지도하다 보면 교과서 내용을 다루기 빠듯한 경우가 많음을 감안해야 한다. 수학 익힘은 어디까지나 부교재이기 때문에 교사가 판단해서

단원 구성 체제	내용
단원 도입	각 단원의 시작 페이지로 단원명과 함께 단원의 전반적인 맥락을 보여 주는 삽화가 나온다. 단원 내용의 전체 또는 핵심을 상징하는 주제나 맥락을 한 장의 그림으로 제공한다. 내용을 배우기 위한 목적보다는 흥미와 동기를 유발하기 위한 페이지라고 생각하면 된다.
개별 차시	단원 도입 페이지를 넘기면 바로 본 내용인 개별 차시가 시작된다. 각 차시별로 보통 두 쪽 정도로 두세 개 정도의 활동으로 구성되어 있다. 또한 차시 제목 바로 위에 그 차시와 같이 공부할 수 있는 수학 익힘책의 쪽수가 적혀 있다.
놀이 수학 생각 수학 도전 수학	단원에서 배운 지식을 적용하여 학생의 문제 해결 능력을 키워 주기 위해 구성된 차시이다. 두 쪽에 걸쳐 구성되며 1, 2학년은 놀이 수학, 3, 4학년은 생각 수학, 5, 6학년은 도전 수학이라는 제목이 붙는다. 다른 교과나 일상생활과 관련된 내용을 통합적으로 배워 문제 해결 역량을 키우는 내용으로, 크게 어렵지 않고 아이들이 재미있어한다.
얼마나 알고 있나요	단원을 다 배우고 난 후, 두 쪽에 걸쳐 제공되는 단원 평가이다. 원 학습 내용을 평가하기 위한 페이지인데, 이것을 통해 자녀의 수학 실력을 가늠해 볼 수 있다. 문제 난이도는 그렇게 높지 않고 기본 개념 형성이 잘 되었는지를 묻는 문제들이 대부분이다.
탐구 수학	탐구 수학은 단원 맨 마지막에 등장한다. 탐구 활동을 강조하고 다양한 해결 방안을 모색하고 실생활과 연계된 문제를 제시하여 수학의 유용성과 재미를 주기 위해 구성되었다. 수준이 조금 높은데, 이 활동에 흥미를 가지고 참여하는 아이들을 보면 대부분 수학을 좋아하고 잘한다.

단원 구성 체제	내용
준비 학습	단원 맨 앞에 해당 단원의 선수 학습 요소(?)를 제시하여 학생들이 스스로 학습 준비를 할 수 있도록 구성했다. 이전 학기나 학년에서 배운 내용을 알고 있다면 쉽게 풀 수 있는 문제들이다.
개별 차시	수학 교과서 차시와 같은 순서로 병행 제시된다. 교과서에 등장하는 연습 문제 수준이며, 전구 모양의 아이콘이 붙은 마지막 1~2개 문항은 좀 더 사고력을 요하는 문제이다. 문제를 푼 후 수학 익힘 맨 뒤에 있는 '정답과 풀이'를 통해 스스로 채점할 수 있게 해놓았다.
학습에 대한 자기 평가	각 단원의 맨 끝에는 학습 내용을 정리할 수 있도록 재미있는 만화와 함께 '이 단원의 공부 되돌아보기'라는 자기 평가용 체크리스트가 등장한다. 이 체크리스트에는 학생들이 스스로 자기 주도적으로 학습을 했는지 3단계로 표시하게 되어 있다.

필요하지 않은 부분은 뛰어넘을 수 있다. 교사가 미처 다루지 않은 부분은 가정에서 보충해 주면 된다.

문제가 조금만 길어져도
포기하는 아이

Q 오빠의 책가방 무게는 1.9kg이고, 영미의 책가방 무게는 1.3kg 입니다. 오빠의 책가방 무게는 영미의 책가방 무게의 약 몇 배입 니까? (몫을 반올림하여 소수 첫째 자리까지 나타내시오.)

위와 같은 서술형 문제만 보면 지긋지긋해하거나 문제가 서너 줄만 넘어가면 푸는 것 자체를 포기해 버리는 아이들이 있다. 그런 아이들 에게 연유를 물으면 무슨 말인지 이해가 가지 않는다고 한다. 뭐가 이 해가 안 되냐고 물으면 다 모르겠다고 하거나 신경질적인 반응을 보여 더 이상 질문하기도 조심스럽다.

서술형 문제를 어려워하는 아이들은 대부분 다음과 같은 문제점을 안고 있는 경우가 많다.

대표적인 원인은 바로 '어휘력 빈곤'이다. 어휘력이 낮은 아이들은 결코 서술형 문제를 풀 수 없다. 간혹 독서량이 풍부한 아이 중에도 이런 문제 유형을 힘들어하는 경우가 있는데, 이때는 수학적 어휘력을 의심해 봐야 한다.

수학 문제에는 일상적 어휘와 함께 수학적 어휘가 사용된다. 이야기책을 많이 읽은 아이는 일상적 어휘 수준이 매우 높다. 하지만 이야기책을 많이 읽는다고 하여 수학적 어휘까지 풍부한 건 아니다. 예시 문제에서 '오빠, 영미, 책가방, 무게'와 같은 어휘들이 일상적 어휘라면, '1.9kg, 1.3kg, 몇 배, 몫, 반올림, 소수 첫째 자리'와 같은 어휘들은 수학적 어휘이다.

수학적 어휘는 이야기책으로 향상시키기 어렵다. 수학적 어휘는 수학 개념 사전 등을 통해 별도의 노력을 들여 학습해야 한다. 일상적 어휘나 수학적 어휘 중 하나라도 알지 못하면 문제를 풀지 못한다.

한편 전체적인 문맥을 이해하지 못해 서술형 문제를 힘들어하는 경우도 있다. 서술형 문제는 보통 다섯 줄 이상인 경우가 많다 보니 서너 줄 읽다 보면 머릿속에서 정리가 안 될 때가 있다. 서술형 문제를 힘들어하는 아이들에게 글을 읽고 문단 요약을 해보라고 하면 쩔쩔맨다. 문장 구조를 모르거나 지시어가 나타내는 것이 무엇인지 파악하지 못하는 등 그 이유는 셀 수 없이 많다. 이런 경우라면 줄글로 된 책을 읽고 문단을 요약하거나 주요 내용을 말해 보는 연습을 많이 해야 한다.

마지막으로 문제를 푸는 요령을 몰라 서술형 문제를 어려워하는 경우도 있다. 이 경우는 어휘력과 문맥 이해력은 좋기 때문에 요령만 알면 문제는 간단히 해결된다. 서술형 문제를 푸는 요령은 2부 규칙성 영역에서 자세히 소개하였다.

문제를 잘 풀어 놓고
엉뚱한 답을 쓰는 아이

생각 외로 열심히 문제를 풀어 놓고 엉뚱한 답을 적어 틀리는 경우가 많다. 문제가 어려워 틀리는 것도 아니고 문제를 잘 풀어 놓고 답을 옮기는 과정에서 틀리다 보니 채점하는 사람도 안타까울 때가 많다. 학생 본인이나 부모는 오죽 속이 상할까 싶다.

이는 아이의 수학 실력이 부족해서가 아니다. 많이 틀려야 한두 개 틀리는 아이들도 이런 증상을 보인다. 아니 오히려 점수가 높을수록 이런 실수를 하는 경우가 많다.

도대체 왜 이런 실수를 하는 걸까? 가장 큰 원인은 주의력과 관련이 깊다. 시험 시간은 40분이다. 그런데 초등학생이 40분 동안 일관된 주의력을 갖기란 정말 어렵다. 저학년은 말할 것도 없고 고학년도 10분 이상 고도의 집중력을 지속되기 어렵다. 그러니까 문제를 풀 때는 집중력을 발휘하다가 다 풀고 나면 안도감이 찾아와 정말 말도 안 되는 실수를 하는 것이다. 문제를 풀고 답을 옮길 때까지 긴장의 끈을 놓지 않아야 한다. 평소에 답을 적을 때 자신의 풀이 결과와 답을 비교하는 습관을 가져야 한다.

문제를 다 푼 뒤 검토 혹은 검산하는 것도 도움이 된다. 시험 감독을 하다 보면 안타까울 때가 있는데, 시험 시간이 많이 남았는데도 다 풀었다며 딴청 피우는 아이들을 볼 때이다. 시간이 아직 있으니 틀린 게 없는지 검토해 보라고 해도 자신이 있는지 다시 볼 생각을 안 한다. 혹은 검토하지도 않고 했다고 한다. 그런데 나중에 보면 자기 이름도 안 쓰거나 문제를 빼먹고 안 푼 채로 제출하는 등 황당한 실수들이 발견된다. 평소 검토나 검산하지 않는 습관이 시험 때도 고스란히 드러나는 것이다.

간혹 자신이 쓴 글씨를 착각하여 잘못 옮겨 적는 경우도 있다. 0을 6으로, 4를 9로 오인하는 것처럼 말이다. 이러한 실수도 깔끔하게 정리해서 푸는 습관으로 해결할 수 있다.

무엇보다 답을 옮겨 적는 과정에서 벌어지는 실수를 막는 가장 좋은 방법은 부모가 너그러운 마음을 갖는 것이다. 어른들도 말도 안 되는 실수를 하곤 한다. 하물며 아이들은 더욱 그럴 거라고 생각하며 평소에 좋은 습관을 가질 수 있도록 돕는 자세가 필요하다.

시간에 쫓겨 문제를
다 풀지 못하는 아이

시험을 보는 중에 점점 울상이 되는 아이들이 있다. 문제를 아직 다 못 풀었는데 시간이 얼마 남지 않았기 때문이다. 그러다 결국 몇 문제는 손도 못 대고 그냥 제출한다. 이렇게 시간에 쫓겨 문제를 다 풀지 못하는 아이들은 다음 부류에 속한다.

▶ 이해력과 독해력이 부족한 아이

이해력과 독해력이 낮은 경우 읽어도 무슨 말인지 모르기 때문에 문제를 반복해서 읽어야 한다. 게다가 읽는 속도도 느리기 때문에 시험 시간이 부족할 수밖에 없다. 이는 평소 부족한 독서량이 원인이므로 꾸준한 독서 습관을 가지면 해결된다.

▶ 연산 능력이 떨어지는 아이

연산 능력은 연산 과정이 복잡해지는 고학년 때 문제가 된다. 따라서 저학년 때부터 연산 훈련을 시키는 것이 좋다.

▶ 시험 보는 요령을 모르는 아이

시험 감독을 하다 보면 한 문제를 붙잡고 씨름하는 아이들을 보곤 한다. 그런 아이들은 결국 그 문제도 풀지 못하고 시간은 시간대로 허비해서 다른 문제도 풀지 못한다. 이는 시험 보는 요령을 모르기 때문이다. 시험을 볼 때는 아는 문제부터 먼저 풀고 모르는 문제는 나중에 풀어야 한다. 물론 모르는 문제가 나오면 신경이 쓰인다. 다른 문제를 풀면서도 그 문제에 신경이 쓰여 실수를 하기 쉽다. 이를 방지하기 위해 평소 문제집을 풀 때도 이 원칙을 적용하면 좋다. 문제에 대한 집중력도 좋아지고 시간 활용도도 높아진다.

▶ 딴생각하며 시간을 허비하는 아이

이게 무슨 말인가 싶을 것이다. 시험 시간에 딴생각하는 아이가 있을까 하고 말이다. 하지만 의외로 시험 시간에 집중하지 못하는 아이들이 많다. 시험을 볼 때는 적당한 긴장감을 유지하여 고도의 집중력을 발휘해야 한다. 그런데 어려서부터 잦은 시험에 노출되다 보니 학교 시험이라고 해도 특별히 긴장되지 않는 것이다.

또한 지나친 과외 수업으로 인한 피로감 때문에 정작 시험 때 집중하지 못하는 경우도 있다. 이런 아이들은 최소한 시험 전날은 푹 쉬게 해주는 것이 효과적이다. 시험 전날은 보통 때보다 공부를 더 시키기 마련인데 오히려 긴장감만 더하고 피로도만 높아져 시험 중에 집중력이 떨어진다. 평소 꾸준히 공부해 왔다면 푹 쉬게 하는 것이 실력 발휘에 효과적이다.

학습지가
지겹다는 아이

수학은 학습지를 통해 공부하는 아이들이 많은데, 학습지는 수학 학습에 도움이 되는 경우도 있지만 수학이 싫어지는 원인이 되기도 한다.

언젠가 6학년 아이가 친구의 학습지 숙제를 한 장당 500원씩 받으며 해주고 있는 것을 본 적이 있다. 또 수업 시간에 고개를 숙이고 학습지와 씨름하고 있는 아이들도 심심치 않게 보곤 한다. 이쯤 되면 학습지가 수학 실력을 향상하는 데 도움이 되기는커녕 오히려 장애물 1호라고 할 수 있다.

학습지를 잘 활용하면 자기 주도 학습 능력을 향상시키는 효과적인 도구가 된다. 일정한 시간 동안 정해진 분량을 꾸준하게 공부하는 능력을 키우기에 학습지만큼 좋은 것도 없다. 하지만 이런 순기능만 보고 시작했다가 안 하느니만 못한 결과를 가져올 수도 있다.

요즘 아이들은 학습지를 과식하고 있다. 부모는 아이의 스케줄에서 한 시간이라도 여유 시간만 생기면 학습지를 끼워 넣으려고 한다. 효과가 있는지는 미지수이다. 아이에게도 아무것도 안 하는 시간이 필요하다.

수학 학습지에서 효과를 보기 위해서는 몇 가지 원칙을 지켜야 한다.

첫째, 학습지 시작 전에 반드시 자녀의 동의가 있어야 한다. 아이들이 나이는 어려도 본인이 동의한 일에 대해서는 나름대로 최선을 다하며 책임을 지려고 노력한다. 하지만 부모가 강제로 시킨 일은 본인이 선택한 일이 아니기 때문에 조금만 싫증이 나도 하지 않으려고 하고 짜증을 내며 회피하려고 한다. 학습지 성패의 시작은 자녀의 동의에 달려 있다고 해도 과언이 아니다.

둘째, 학습지를 하는 목적을 분명히 해야 한다. 학습지별로 강점이 다르다. 어떤 학습지는 연산 훈련을 잘 시켜 주는가 하면 어떤 학습지는 서술형 문제 풀이를 잘할 수 있도록 훈련시켜 준다. 따라서 자녀의 부족한 부분을 메우기에 적합한 학습지가 무엇인지를 파악한 후 시작해야 한다. 무조건 남이 좋다고 해서 따라 해서는 안 된다.

셋째, 학습지는 정해진 시간에 하는 것이 좋다. 짬이 날 때 학습지를 한다고 생각하면 아이와 항상 다툼이 있기 마련이다. 부모는 매일 잔소리해야 하고 아이는 아이대로 스트레스를 받게 된다. 학습지를 하는 시간을 정해 두면 스트레스를 미리 방지할 수 있다.

넷째, 아이가 지겨움을 느끼면 한두 달 끊었다가 다시 시작하는 것이 좋다. 끝장을 보겠다고 밀어붙이다 정말 끝장날 수 있다. 아무리 좋아서 시작했다 하더라도 어느 순간 지겨워질 수 있다. 개구리도 항상 점프만 할 수는 없다. 움츠리는 시간이 있어야 다음 점프를 기대할 수 있다.

마지막으로 학습지는 무엇보다 관리 교사와의 관계가 중요하다. 학습지 내용이 아무리 좋아도 아이가 학습지 교사와 잘 맞지 않으면 교사를 바꾸든지 학습지를 바꾸든지 해야 한다. 특히 아이가 어릴수록 학습지 교사와의 관계는 절대적이다.

수학 경시대회에서
실력 발휘를 못하는 아이

평소 수학을 잘하는 아이들에게 외부 수학 경시대회를 추천하곤 한다. 그런데 의외로 좋은 성적을 내지 못하는 경우가 많다. 기대에 부풀었던 부모는 실망이 이만저만이 아니다. 왜 이런 일이 벌어지는 걸까? 가장 큰 이유는 문제 난이도의 차이 때문일 것이다.

Q 한 변의 길이가 43cm인 정사각형 모양의 종이를 잘라서 짧은 변의 길이는 3cm, 긴 변의 길이는 7cm인 직사각형 모양의 조각을 될 수 있는 대로 많이 만들었습니다. 이 조각들을 길이가 같은 변끼리 맞닿게 이어 붙여서 네 변의 길이의 합이 가장 긴 직사각형 모양을 만들었습니다. 새로 만든 직사각형 모양의 가로와 세로의 합은 몇 cm입니까?

위 문제는 HME 해법수학 학력평가 3학년 시험에 출제된 것이다. 이 문제를 3학년 아이들에게 풀어 보라고 했더니 아이들 입에서 이런 말이 나왔다.

"선생님, 이거 국어 문제 아니에요?"

"무슨 말인지 하나도 모르겠어요."

"이게 정말 3학년 문제 맞아요?"

절반 이상은 풀 엄두도 못 내고 눈만 멀뚱멀뚱했다. 한번 풀어 보겠다고 도전하는 아이들이 다섯 손가락을 넘지 못했다.

외부 수학 경시대회를 고려하고 있다면 그 난이도가 상상 이상이라는 사실을 꼭 명심해야 한다. 수학 경시대회는 선행 학습을 해야 좋은 결과를 얻을 수 있다. 5학년 시험에 중학교 수학 내용을 알아야만 풀 수 있는 문제가 나오곤 한다. 원칙상 5학년 시험이면 해당 학년 수준에서 해결할 수 있는 문제가 출제되어야 하는데 이런 원칙이 무시되는 경우가 있다. 따라서 학원 등을 통해 선행 학습하지 않은 아이는 무방비 상태가 된다.

외부 수학 경시대회는 함부로 뛰어들 일이 아니다. 자칫 큰 낭패를 볼 수 있다. 다음과 같은 문제를 충분히 고려해 보고 심사숙고하기 바란다.

첫째, 수학 경시대회에 나가는 목적이 명확해야 한다. 수학 경시대회에 나가는 아이들 중에 거의 대부분은 학부모나 학원의 권유에 의해 떠밀려 나간다. 이런 동기로 나가는 수학 경시대회는 바람직하지 않다. 많은 부모들이 경험 삼아서 시켜 본다는 말을 많이 하는데 아이에게 독이 될 경험이라면 선별해서 시키지 않는 것도 부모의 역할이다.

둘째, 득과 실을 따져 보아야 한다. 수학 경시대회를 통해 얻을 수 있는 가장 큰 득은 아마 자신감일 것이다. 높은 점수를 받거나 전국 순위에 든다면 수학에 대한 자신감이 대단히 높아질 것이다. 하지만 그 반대의 경우가 훨씬 더 많다. 무엇보다 수학 경시대회를 준비하는 과정에서 지나치게 문제 풀이 위주로 공부하다가 수학에 대한 반감이 형성되기 쉽다. 주로 학원을 통해 수학 경시대회를 준비하는 경우 자주 발생하는 문제이다. 일부 학원에서는 수학 경시대회에서 좋은 결과를 내기 위해 하루에 몇 시간씩 수학만 시키는 경우가 있다. 이런 식의 수학 공부는 자칫 작은 것을 탐하다가 큰 것을 잃게 한다.

마지막으로 대부분의 수학 경시대회에 상술이 도사리고 있음을 알아야 한다. 많은 수학 경시대회가 사설 기관과 신문사 등에서 후원을 받다 보니 다분히 상술이 숨어 있다. 주관하는 단체 입장에서는 가급적 많은 인원이 응시해야 이득이 되므로 상급 학교 전형에 도움이 될 수 있다는 식으로 홍보하여 응시자들을 모집한다. 하지만 응시생들의 대부분이 초등학생이라는 사실은 시사하는 바가 크다고 할 수 있다.

자신에게 맞지 않는 문제집으로
공부하는 아이

　수학만큼 많은 문제집을 푸는 과목도 없다. 가급적 다양한 문제 유형을 접할수록 유리하기 때문이다. 그런데 무엇보다 중요한 것은 얼마나 많은 문제집을 푸느냐보다 얼마나 아이에게 잘 맞느냐이다. 아이 수준에 맞지 않을 경우 흥미를 떨어뜨려 수학 점수만 나빠진다.

　아이에 맞는 문제집을 고르기 위해서는 먼저 문제집 종류에 대해 알고 있어야 한다. 문제집 종류는 이루 헤아릴 수 없을 만큼 많아지고 있다. 하지만 이렇게 많은 문제집도 사실 분류해 보면 다음 몇 가지로 정리된다.

　▶ 일반 문제집
　일반적으로 가장 많이 볼 수 있는 문제집으로, 난이도별로 '기본 개념 편 → 발전 응용 편 → 수학 경시 편 → 최상위 편' 이렇게 시리즈로 출간된다. 이렇게 구분 짓는 기준은 출판사마다 다르므로 출판사별로 비교해 봐야 한다. 방학을 이용한 선행이 목적이라면 기본 개념 편이나 스타트 편 등으로 시작한 후, 응용 편에 도전해야 한다.

▶ 경시대회 문제집

경시대회 문제집은 크게 교내 수학 경시대회용과 외부 수학 경시대회용으로 나뉜다. 둘 다 수준이 보통 문제집보다 훨씬 높다. 상위권이 아닌 한 볼 필요가 없다. 하지만 하루에 한두 문제씩 푸는 정도는 사고력 향상 측면에서 좋다.

▶ 연산 문제집

〈100칸 수학〉(백칸교육) 시리즈, 〈기탄 수학〉(기탄교육) 시리즈, 〈해법 계산 박사〉(천재교육) 시리즈 등은 연산 능력 향상에 도움을 주는 문제집이다. 이런 연산 문제집을 잘 활용하면 아이의 연산력을 크게 향상시킬 수 있다. 연산 문제집으로 효과를 보기 위해서는 시간 제한을 두고 꾸준히 풀어야 한다.

▶ 서술형·문장제 문제집

서술형 문장제 문제집은 수준이 다소 높기 때문에 기초 문제집을 완벽히 마스터한 후 접근해야 한다. 서술형 문제 풀이법을 훈련하는 데 많은 도움이 된다. 만약 아이가 제 학년에 해당하는 문제집인데도 어려워한다면 한두 학년 아래의 문제집으로 훈련하는 것이 좋다.

▶ 도형 문제집

도형 문제집은 대체로 학년과 무관하게 단계별로 구성되어 있어 아이 수준에 맞는 문제집을 선택할 수 있다. 교과서와 별 관련이 없어 보이지만, 수학에 대한 흥미를 높이고 다양한 문제해결력을 습득할 수 있어 권하고 싶다.

이처럼 다양한 문제집 중에서 아이의 실력과 흥미를 고려하여 잘 선별해야 한다. 가끔 부모 체면 때문에 지나치게 어려운 문제집을 선택하거나, 주위 이야기만 듣고 무턱대고 구입하는 경우가 있는데, 수학 잘하는 아이들이 하는 문제집이라고 해서 내 아이에게도 좋으리란 보장은 없다.

아이의 실력을 고려해서 문제집을 골라야 효과를 볼 수 있다. 아이 수준에 맞는 문제집을 고르는 요령은 직접 한 페이지 정도를 풀어 보는 것이다. 10문제를 풀어 틀리는 개수가 2~3개 정도라면 적합하다.

문제집을 골랐다면 효과적으로 풀 수 있도록 몇 가지 원칙을 세우길 바란다.

·한쪽이라도 매일 꾸준히 풀게 한다.

·부모가 채점을 해주고 틀린 문제는 다시 풀게 한다.
·아이 수준에서 다소 어려운 문제집을 골라 하루에 한 문제씩 풀게 한다.

간단한 규칙 같지만 막상 실천하려면 대단히 어렵다. 하지만 이것만 잘 지켜도 문제집을 통해 많은 효과를 볼 수 있다. 하루에 한두 장씩만 풀어도 한 학기에 3권 정도의 문제집을 공부할 수 있다. 적은 양 같지만 쌓이면 학습량이 적지 않다. 게다가 틀린 문제를 다시 푸는 습관을 통해 같은 문제를 다시 틀리는 실수를 방지할 수 있다. 어려운 문제를 하나씩 풀어 보라고 한 것은 이 과정에서 수학적 사고력과 문제해결력이 좋아지기 때문이다. 문제의 답이 틀리고 맞고는 중요하지 않다. 그 고민 과정에 의의가 있다.

시험 준비 요령이
없는 아이

수학 경시대회날 아침이라고 하면 대부분 긴장감 넘치는 교실 분위기를 떠올릴 것이다. 하지만 현실은 전혀 그렇지 않다. 오히려 평소보다 더 소란스럽다. 시험날인데 공부 좀 해야 하지 않겠냐고 하면 공부는 어제 학원에서 혹은 엄마에게 붙잡혀 죽도록 했으니 이제는 좀 쉬어야 겠다는 아이들이 많다. 개중에 자리에 앉아 묵묵히 오답 노트나 문제집을 살펴보는 아이도 있다. 나중에 보면 이런 아이들이 점수도 좋다.

무조건 공부를 많이 해야 시험을 잘 보는 건 아니다. 시험을 잘 보기 위해서는 시험에 맞는 요령을 익혀야 한다.

먼저 목표 점수를 정해야 한다. 아이의 실력을 고려하여 지난번 시험에서 80점을 맞았다면 이번에는 90점을 목표로 하는 등 뚜렷하게 정해야 한다. 막연한 목표는 현실감이 없기 때문에 구체적인 방법을 모색

할 수 없다. 그렇다고 너무 높은 목표를 잡으면 처음부터 포기하게 되므로 주의해야 한다.

목표를 설정했다면 먼저 교과서를 훑어보게 한다. 이야기책 읽듯이 시험 범위를 처음부터 끝까지 읽게 한다. 외워야 한다는 부담감 없이 편안히 읽되, 하나도 빠짐없이 읽도록 한다. 교과서는 개념, 원리 설명에 충실한 만큼 자칫 까먹거나 잘 몰랐던 부분을 알 수 있다.

그리고 다시 한번 읽게 한다. 이번에는 읽으면서 교과서에서 암기해야 하는 부분을 표시하여 수학 개념장을 만들게 한다. 개념의 정의나 약속 혹은 공식들이 여기에 속하다. 교과서에 나온 문제는 모두 풀기보다 평소 풀다가 틀린 문제만 선별해서 풀게 하는 것이 더 효율적이다.

이 단계까지 완료했는데도 시험날까지 아직 여유가 있다면 문제집을 풀게 한다. 이때는 일반 문제집보다는 시험지 형식의 수련장 문제집을 권한다. 만약 시험 기간까지 여유가 별로 남지 않았다면 아이가 평소 풀던 문제집에서 틀린 문제만 집중적으로 풀게 한다.

끝으로 평소 오답 노트를 만들어 놓았다면 이를 살펴보며 마무리한다. 오답 노트를 공부하다 못 푼 문제는 표시를 해두었다가 꼭 다시 풀어 봐야 한다. 시험 전날 여유가 있다면 교과서로 다시 한번 틀린 개념을 확인하는 것도 좋은 방법이다.

그리고 시험날 아침에는 개념장과 오답 노트를 통해 마무리 점검을 하는 시간을 가져야 한다.

생각 없이 기계적으로
문제를 푸는 아이

기계적으로 문제를 푸는 아이들이 있다. 곱셈 단원을 배우면 앞에 나오는 수와 뒤에 나오는 수를 아무 생각 없이 곱하거나, 어디선가 본 듯한 문제는 똑같은 방식으로 풀어 버린다. 또 조금만 어려워도 생각도 안 해보고 모르겠다고 한다. 참 답답하고 한편으로는 안쓰럽다. 이런 아이들을 살펴보면 과도한 스케줄에 시달리고 있는 경우가 많다.

"선생님, 엄마가 하루에 수학 문제집을 5장씩 하래요. 이게 말이 돼요?"

4학년 남자아이가 완전 울상이 되어서 하소연하는 소리다.

그런데 많은 학습량이 정말 아이에게 도움이 될까? 아이는 할당량을 채워야 하니 정확성보다는 빠르기를 추구할 것이다. 또 빨리 풀고 놀아야 하니 문제를 대충 읽을 것이다. 이런 과정이 반복되다 보면 자신도 모르게 문제를 기계적으로 푸는 사람이 되기 쉽다. 너무 무리한 학습량은 생각하지 않고 기계적으로 문제를 푸는 아이로 만들 수 있다는 사실을 꼭 기억해야 한다.

문제를 기계적으로 푸는 아이들은 쉬운 문제만 풀려고 하는 경향이 있다. 오랫동안 고민해야 하는 문제는 싫어하고 도전할 생각도 안 한다. 어차피 풀지도 못 할텐데 괜히 시간 낭비할 필요가 없다고 말하는 아이들도 있다.

"나는 특별한 방법을 갖고 있는 것이 아니다. 단지 무엇에 대해 오랫동안 깊이 사고할 뿐이다."(뉴턴)

"나는 머리가 좋은 것이 아니다. 단지 문제가 있을 때 남보다 더 오래 생각할 뿐이다."(아인슈타인)

세계적인 수학자로 손꼽히는 뉴턴과 아인슈타인의 말을 한마디로 정리하면 '오래 생각하라'는 것이다. 푸는 데 1분도 안 걸리는 쉬운 문제 60개를 한 시간 동안 풀어 보는 경험도 중요하지만, 1시간 고민 끝에 1문제를 풀어 내는 경험도 필요하다. 그리고 이런 경험이 많은 아이가 결국 수학을 잘하게 되어 있다. 1시간 고민 끝에 결국 답을 찾지 못했어도 그 고민 과정에서 수학적 사고력과 수학 실력이 늘어난다.

수학 문제를 기계적으로 푸는 아이에게는 '하루에 50문제 풀기'와 같은 학습법은 좀 위험하다. 가뜩이나 생각하기 싫어하는 아이에게 더 생각하지 말라고 부추기는 꼴이다. '하루에 1시간 수학 공부하기'처럼 시간을 목표로 삼아야 한다. 그리고 수학 공부가 끝난 후 무슨 문제가 가장 어려웠는지, 그 문제를 어떻게 풀었는지 이야기 나누면 좋다. 이 과정을 통해 자신이 아무 생각 없이 문제를 풀고 있다는 사실을 인지하고 개선해 나갈 수 있다.

학원에 너무
의존하는 아이

한 번은 마을버스에서 중학생 남자아이들끼리 나누는 대화를 들은 적이 있다. 한 아이가 "나는 북한이 우리나라에 쳐들어와서 전쟁 나면 좋겠어." 하고 말하는 것이었다. 무슨 소리인가 했더니 전쟁이 나면 학원을 안 가도 되지 않겠느냐는 말이었다. 얼마나 학원에 가기 싫었으면 그런 생각을 했을까 싶어져 참으로 씁쓸했다.

이렇게 학원을 싫어하는 아이도 있지만, 어떤 아이들은 학원 좀 끊으라고 해도 절대 안 된다고 결사반대한다. 학원 다니는 것을 좋아하는 아이도 있는 것이다. 심한 경우 학원을 안 다니면 큰일 난다고 생각한다. 이런 아이들은 학원에 지나치게 의존하고 있는 것은 아닌지 살펴야 한다.

6학년 아이들을 가르칠 때였다. 수학 경시대회를 일주일 앞둔 상황인지라 공부 계획을 세워 보게 했다. 그러자 한 남자아이가 볼멘소리로 이렇게 말했다.

"선생님, 저는 계획 같은 거 필요 없는데요. 학원에서 하라는 대로 하면 되는데요."

이 아이는 평소 학원 가고 학원 숙제하느라 시간이 없다는 핑계를 대며 학교 숙제를 안 해오거나 수업 시간에 졸고 있을 때가 많았다. 매번 학원에서 시키는 대로 하며 한 번도 스스로 공부 계획을 세워 본 적이 없던 아이는 결국 한 시간 동안 아무런 계획도 세우지 못했다.

학원은 병원과 같은 곳이다. 아픈 곳을 치료받기 위해 우리는 병원을 간다. 치료가 끝나면 집으로 돌아가 일상을 살아 나간다. 그런데 병원에 가니 진통제도 놔주고 안 아프게 해준다고 계속 병원에만 머물겠다고 고집을 피운다면 어떻게 될까?

학원을 오래 다니다 보면 자칫 학원에 지나치게 의존적인 사람이 될 수 있다. 떠먹여 주는 것이 처음에는 너무 좋다. 하지만 길게 보면 떠먹여 주는 것처럼 아이를 바보로 만드는 것은 없다. 학원을 안 다니던 아이가 학원을 다니면 처음 몇 개월은 너무 좋다고 한다. 그런데 학원 다니는 기간이 오래 지나다 보면 점점 학원을 끊을 수 없게 된다. 학원 도움 없이는 자신의 성적을 유지할 수 없을 것이라는 불안감이 생기는 것이다. 그러는 사이 점점 학원에 의존하게 된다.

아이에게 학원을 끊으라고 해도 끊지 못하고 계속 다녀야 한다고 한다면 그 이유를 따져 볼 필요가 있다. 정말 공부를 열심히 하려고 하는 것인지 아니면 자기 주도 학습 능력 상실에서 비롯된 것은 아닌지 반드시 살펴야 한다.

수학 문제만 보면
불안한 아이

 유독 수학 문제를 풀 때 불안해하는 아이들이 있다. 이런 아이들은 '수학 불안'이라는 증상을 의심해 볼 만하다.

 시험에 대한 불안이나 걱정이 많아 제 실력 발휘를 못하는 것을 '시험 불안'이라고 한다. 시험처럼 유독 수학 과목에서 불안함을 느끼는 경우가 있는데 이를 '수학 불안'이라고 한다. 한 연구에 의하면 비단 어린이들뿐만 아니라 어른들 중에서도 60퍼센트 정도가 '수학 불안'을 느낀다고 한다.

 수학 불안이 있는 아이들은 수학 문제를 풀 때 지나치게 긴장하여 아는 문제도 잘 풀지 못할 때가 많다. 미국의 플로리다 주립대의 연구에 의하면 수학 불안이 심한 사람의 경우, 문제를 풀 때 사용할 수 있는 기억량이 줄어들어 실수가 많아진다고 한다. 문제를 풀기 위해서는 문제에서 요구하는 것이 무엇인지 어떻게 풀어야 하는지를 기억해야 하는데, 수학 불안이 심한 아이들은 시험을 못 볼까 봐 걱정하다가 문제 풀이에 써야 할 기억 용량이 줄어든다는 것이다.

아무리 수학적인 재능을 타고 태어났을지라도 수학 불안을 가지기 시작하면 수학을 잘할 수 없다. 특히 학년이 올라갈수록 수학 불안은 수학 학습에 심각한 영향을 준다.

그런데 왜 수학 불안이 생기는 걸까? 안타깝게도 가장 큰 원인 중의 하나가 바로 부모의 질책이다. 아이가 어렸을 때는 "하나, 둘, 셋." 하고 세기만 해도 수학 천재라며 칭찬을 한다. 하지만 본격적으로 더하기, 빼기와 같은 연산을 배우기 시작하면 질책을 시작한다. 굳이 말로 하지 않아도 부모의 한숨소리와 차가운 눈빛은 고스란히 전달된다. 수학 불안의 첫 단추가 끼워지는 순간이다.

부모의 질책은 초등학교에 들어가면서 본격화된다. 특히 수학 시험을 앞뒀을 때 더욱 극에 달한다. 부모의 질책이 거세질수록 아이의 수학 불안도 같이 높아진다는 사실을 명심해야 한다.

3, 4학년 아이들이 수학 시험을 볼 때 심심치 않게 볼 수 있는 풍경 중 하나가 시험을 보다 우는 아이들이다. 언뜻 생각하기에는 문제가 뜻대로 풀리지 않아서 우나 싶어 안타깝게 느껴지지만 실상 원인은 다른 데 있다. 엄마에게 혼날 것을 생각하니 미리 걱정이 돼서 우는 것이다. 이런 아이들은 대부분 일정 점수 이하를 받으면 엄마에게 혼이 나거나 심지어 틀린 개수 대로 맞는 경우도 있다. 얼핏 보면 이런 방법이

효과적일 것 같지만, 수학 불안도를 높여 수학을 더욱 못하게 만드는 지름길이다.

수학 불안은 수학을 싫어하게 만들어 결국 수학 부진으로 이어진다. 수학 불안도를 낮추기 위해서는 무엇보다 부모의 격려가 필요하다. 실수가 잦고 점수가 낮다고 야단치는 것은 오히려 더 수학 불안을 부추긴다. 특히 몇 점 이상 받아야 한다고 압박해서는 절대 안 된다.

만약 아이가 수학 시험에 대한 불안도가 높다면 집에서 자주 시험 상황을 연습해 보자. 불안을 낮춰 주는 데 효과적이다.

수학 시간에 집중하지 못하는 아이

4학년 학부모 상담 때 일이다. 한 남자아이 엄마가 다들 수학이 어렵다고 하니 신경을 써주고 싶은데 아이가 너무 거부해서 어떻게 해야 할지 모르겠다며 고민을 털어놓았다. 수학 시간에 뭘 배우는지, 수업은 잘 듣는지 궁금해서 물어보면 화부터 내고 대답도 잘 안 한다는 것이다. 이 이야기를 듣고 아이에게 '수학 일기'를 써보게 하면 어떻겠냐고 제안을 했다.

수학 일기란 수학 시간에 배운 내용을 일기로 쓰는 것이다. 수학 시간에 있었던 일, 수학 시간에 대한 느낌 등을 자유롭게 쓰면 된다.

제목 : 사각형

오늘 수학 시간에 사각형을 배웠다. 도형을 배우는 것은 재미없을 줄 알았는데 정말 재미있었다. 그리고 배운 내용은 사각형은 네 선분으로 둘러싸인 도형이라는 것과 사각형의 특징이다. 첫 번째 특징은 꼭짓점이 네 개다. 두 번째는 변이 네 개다. 세 번째는 네모 모양이다. 이렇게 수학 수업 시간에 내가 잘 모르는 도형에 대해 공부하니 정말 좋고 뿌듯하다.

제목 : 사각형

선생님 : 얘들아! 수학 시간이에요.

아이들 : 아이고. 또 지루한 수학시간이구나.

선생님 : 오늘은 사각형에 대해 배울 거예요. 교과서 42쪽.

아이들 : 아, 싫은데…….

선생님 : 사각형의 뜻을 아는 사람?

아이들 : …….

선생님 : 아무도 없나요? 아직 모르는군요.
　　　　사각형은 네 선분으로 둘러싸인 도형이다. 이걸 외우세요.

아이들 : 이걸 외우라고요?

선생님 : 그럼요.

아이들 : 참 너무하시네.

선생님 : 선생님이 그럴 줄 알고 준비한 사각형 노래로 외우면 훨씬 쉬워요.

아이들 : 빨리 알려 주세요.

선생님 : 자, 흠흠. 사각형은 ♪네 선분으로 ♬둘러싸인 도형이다.

아이들 : 와! 수학이 이렇게 재미있는지 처음 알았다.

2학년 아이들이 수학 시간에 사각형을 배우고 쓴 수학 일기이다. 똑같은 내용을 배웠음에도 내용과 표현 형식이 매우 다르다. 이런 일기를 매일 쓰면 좋겠지만 힘들어서 매일 쓸 수는 없다. 일주일에 한 번 정도 가장 인상적이거나 기억에 남는 수학 수업에 대해 써보게 하자. 아이 입장에서 어차피 써야 하는 일기를 수학 일기로 쓰는 것이니 크게 손해 볼 일도 아니다.

이렇게 수학 일기를 쓰게 하면 여러 가지 장점이 있다. 무엇보다 아이가 수학 시간에 집중한다. 수학 일기를 쓰기 위해서라도 주의를 기울여 듣는다. 배운 내용을 정확하게 이해한다. 말이나 글로 표현하지 못한다는 것은 잘 모른다는 뜻이다. 글로 표현하기 위해서는 수업 시간에 배운 내용을 머릿속에 정리해서 체계적으로 풀어낼 수 있어야 한다. 자연스럽게 자신이 알고 있는 내용과 모르는 내용이 명확해진다. 잘 생각이 안 나는 내용은 교과서를 보고 확인해야 한다. 또한 글로 표현하기 힘든 내용은 어떻게 정리해야 할지 고민한다. 이 과정에서 수학에서 요구하는 정확성과 완벽성이 길러지고, 수학적 사고력이 좋아진다.

자녀가 글쓰기를 싫어하지 않는다면 수학 일기 쓰기로 굉장한 효과를 볼 수 있다.

수학을 영어처럼
공부하는 아이

수학을 가르치다 보면 재미있는 일들이 많이 일어난다. 아이들에게 문제를 주고 풀어 보라고 하면 너무 쉽다면서 다 풀 수 있을 것처럼 답한다. 하지만 막상 답을 맞춰 보면 오답을 내거나 풀지 못한 경우가 종종 있다. 수학 시험을 보기 위해 시험지를 나눠 줘도 비슷한 상황이 연출된다.

"어? 이 문제 어제 학원에서 배운 거랑 똑같다!"

5학년 아이들에게 수학 시험지를 나눠 주었더니 한 아이가 내뱉은 말이다. 그런데 이렇게 말해 놓고는 문제를 풀지 못했다. 왜 이런 현상이 생기는 것일까? 여러 가지 이유를 찾을 수 있겠지만 수학을 영어처럼 공부하기 때문이다.

영어 학원에 다니는 아이와 다니지 않는 아이 중 누가 더 영어를 잘할 확률이 높을까? 대개는 영어 학원에 다니는 아이다. 영어 학원이 잘 가르쳐서라기보다 과목의 특성 때문이다. 영어는 언어이기 때문에 노출되는 시간이 많으면 많을수록 더 잘할 수 있다. 이 때문에 학교에서만 영어를 접하는 아이보다는 학원에 다니는 아이가 더 잘할 수밖에 없다. 설사 학원에서 딴청만 피우다 왔더라도 말이다.

대부분 수학도 많이 노출될수록 잘할 것이라고 생각한다. 하지만 수학은 앞에서도 여러 차례 강조했지만, 스스로 공부한 시간이 실력을 좌우한다. 영어는 '절대 공부 시간'이 중요하다면, 수학은 '절대 공부량'이 중요하다. 영어는 인터넷 강의도 적극 추천한다. 하지만 수학은 철저하게 본인이 직접 공부하고 문제를 봐야 한다. 아무리 일타 강사가 문제를 현란하게 풀어 준다고 해도 본인이 직접 풀어 보지 않으면 재미있는 텔레비전을 보는 것과 비슷하다. 아이의 수학 실력 향상과는 별로 큰 상관이 없다. 이런 아이들은 '매일 1시간씩 수학 공부하기'와 같은 계획으로는 결코 수학을 잘할 수 없다. 차라리 '매일 수학 문제집 2장 풀기'와 같이 목표량을 세우는 편이 효과적이다.

영어는 꾸준히 듣기만 해도 실력이 쌓인다. 하지만 수학은 듣기만 해서는 곤란하다. 다른 사람이 문제 푸는 것을 구경만 해서는 안 된다. 수업 시간에 선생님이 설명할 때는 마치 다 아는 것 같지만, 집에 돌아와 막상 혼자 공부하려고 하면 꽉 막히는 과목이 수학이다. 수학만의 독특한 매력이다.

내 아이는 수학을 어떻게 공부하고 있는지 살펴볼 일이다.

아이 혼자 약점과
싸우게 해서는 안 된다

　한국을 대표하는 축구선수라고 하면 박지성을 많이 떠올릴 것이다. 물론 지금은 많은 한국 선수들이 해외에 진출해서 활약하고 있지만 당시에는 한국 선수로는 꿈도 꾸기 어려운 프리미어 리그의 최고 명문팀인 맨체스터 유나이티드에 최초로 입단한 선수이기 때문이다. 그는 아시아에서 온 티셔츠 판매원이라는 주위의 비아냥을 무릅쓰고 눈부신 활약과 이타적인 플레이로 동료들과 팬들로부터 많은 사랑을 받았다.

　하지만 그에게도 치명적인 약점이 있다. 왜소한 체격과 평발이 그것이다. 평발을 가진 사람들은 종아리나 발바닥에 쉽게 피로감이 오기 때문에 오래 걷거나 잘 뛰지 못한다. 축구선수로서는 아주 치명적인 약점이라고 할 수 있다. 박지성은 이런 약점을 안고 대한민국을 넘어 세계를 호령하는 축구선수가 되었다.

제2의 마라도나로 칭송받고 있는 아르헨티나의 리오넬 메시도 성장 호르몬 장애를 딛고 지금과 같은 세계적인 스타가 되었다. '침팬지의 어머니'로 불리는 세계적인 침팬지 연구가 제인 구달에게 안면 인식 장애가 있다는 사실을 아는 사람은 많지 않다. 타인의 얼굴을 구분하지 못하는 장애가 있음에도 세계적인 학자가 된 것이다. 음악의 성인이라 추앙받는 베토벤 역시 28세부터 청각 장애를 겪었고 40대 중반에는 아예 소리가 들리지 않았다고 한다. 소리를 다루는 음악가가 들리지 않는다는 말도 안 되는 상황에서도 그는 굴하지 않고 우리에게 세상에 없던 소리를 들려 주었다.

이처럼 누구나 약점은 있다. 모든 것을 다 갖춘 사람은 이 세상 그 누구도 없다. 누구나 약점을 가졌지만 어떤 사람은 이를 극복하기 위해 노력하고 결국 성장한다. 반면에 어떤 사람은 그 약점을 원망하고 한탄하는 데 세월을 소비한다.

수학도 마찬가지이다. 아무리 공부를 잘하는 아이라도 수학 약점이 있다. 다만 그 약점을 발견하지 못하거나 방치하여 결국 수학을 포기하는 아이가 있는가 하면 약점을 빨리 찾아내 오히려 점수를 올리는 기회로 삼는 아이가 있다. 이 과정에서 부모가 결정적인 역할을 하게 된다.

자신의 꿈을 이루기 위해 열심히 공부하는 아이들이 얼마나 될까? 아주 극소수이다. 공부를 열심히 하는 아이들의 주된 이유는 부모로부터 칭찬과 인정을 받기 위해서이다. 그런데 100점 가까운 점수를 받아도 부모가 칭찬에 인색하다면 아이들은 무슨 흥이 나서 공부를 하겠는가? 열심히 공부했는데도 저조한 성적을 받았을 때 혼만 난다면 다시 공부할 의욕이 생기겠는가?

수학을 잘하는 아이로 키우고 싶다면 가장 먼저 칭찬과 격려의 말을 준비해야 한다. 부모의 칭찬과 격려는 언제 어디서든 아이에게 힘을 준다. 부모된 우리는 자녀란 완성의 단어가 아니라, 미래의 소망을 담고 있는 미완의 단어라는 사실을 기억해야 한다.

마지막으로 이 책이 집필되기까지 모든 일을 합력하여 선을 이루시고 나의 약점을 들어 장점으로 쓰시는 참 좋은 하나님께 감사를 올린다.

초등 수포자로 빠지지 않는
수학약점 공략법

초판 1쇄 발행 2021년 3월 23일
초판 5쇄 발행 2023년 6월 18일

지은이 송재환 **펴낸이** 김종길
펴낸 곳 글담출판사 **브랜드** 글담출판

기획편집 이은지·이경숙·김보라·김윤아 **영업** 성홍진
디자인 손소정 **마케팅** 김민지 **관리** 김예솔

출판등록 1998년 12월 30일 제2013-000314호
주소 (04029) 서울시 마포구 월드컵로8길 41 (서교동 483-9)
전화 (02) 998-7030 **팩스** (02) 998-7924
블로그 blog.naver.com/geuldam4u **이메일** geuldam4u@geuldam.com

ISBN 979-11-91309-04-1 (03370)

책값은 뒤표지에 있습니다.
잘못된 책은 바꾸어 드립니다.

일러두기
이 책은 『우리아이 수학약점』 개정판으로, 개정 교육 과정을 반영하여 내용을 전면 수정하였습니다.

만든 사람들 ───────
책임편집 이경숙 **디자인** 정현주 **교정교열** 탁산화

글담출판에서는 참신한 발상, 따뜻한 시선을 가진 원고를 기다리고 있습니다.
원고는 글담출판 블로그와 이메일을 이용해 보내주세요. 여러분의 소중한 경험과 지식을 나누세요.
이메일 to_geuldam@geuldam.com